JN057725

刻された書と石の記憶

はじめに

初版では、東京都武蔵野市にある三つの碑について述べたが、今回、増補版発行にあたり、小金井と西東京の両市に深く関係する江戸時代の碑一つを加えた。これら四つの碑は、いずれも玉川上水沿いにあることが共通している。

全国各地には、いろいろな石碑が立っている。すばらしい書や画像などが刻された石碑には、なぜか不思議な魅力があり人を惹き付ける何かがある。

建てられた背景を調べていくと、その場所（土地）の歴史に触れることができる。そればかりか、その地方史や日本史にも結び付き、歴史への興味がいっそう膨らむこともしばしばである。

これらの石碑本体は、もともとは自然界にあったいろいろな石（岩）であった。風雨にさらされた自然石をそのまま利用したものも存在するが、石を加工しさらに磨きをかけて仕上げたものが大部分である。そこに文字等を刻して初めて「碑」として完成する。「碑」について述べる時、碑が建てられた背景やそこに記された銘文の内容を記すものは多々あるが、そこに刻された「書」そのものについてや「刻」についてまで論究したものはあまり見られない。

また、「碑の石にも人間と同様に本籍地（出生地）がある」。この発想のもとに、碑になる（加工される）以前の「石の時代」にまで遡って、徹底的に調査を試みた。つまり碑にとって、除幕式当日を人間でいう「成人となった日」にたとえると、加工前の石の時代は幼少期といえよう。できるだけ碑の石の故郷まで旅し、幼少期から成人期までを網羅して探るべく奮闘した。

いつしか碑に刻された文字や像などを拓本に採って鑑賞する方法が現れた。中国には、はるか昔の唐時代に採られた「唐拓」と呼ぶ拓本が現存する。拓本を採る方法や技術はしだいに向上し、精緻な美しい美術的に鑑（み）てもすばらしい拓本が誕生する。碑について述べる時この拓本についても触れる必要がある。名筆が刻された名碑の精拓は書道の分野においてたいへん貴ばれ、鑑賞の対象だけでなく、学書の手本となっている。

また、碑にはいろいろな種類がある。一例を挙げると、文学碑のように碑の存在そのものがその分野を深める契機となるものもある。道端にある見慣れた碑について関心を持って、いろいろな角度から眺め、調べてみると、今まで気にも留めていなかったことが判り、さらにその裏に隠されていた意外な新事実が判ることもある。

とくに皆さんがお住まいの近隣の碑に関しては、単に文字の刻まれた石の塊と思わず、つまり興味がないと思わずに、一度は立ち止まってじっくりと見て鑑賞してほしい。多くの碑はきっとこれを望んでいると考える。

記念碑は、その出来事を忘れないように後世に伝えるために建立するものである。しかし、その出来事を直接体験した人、その場に立ち会った人は、年数を経過するに従って減少するのは世の常で、その結果、よほどの事柄でない限り、人々の記憶から消えていくという宿命を持つ。建てられてから五十年を経ると、碑を建てた当時のことをお聞きできるいわゆる「生き証人」を探すことが非常に難しくなる。九十年を超えると、もはや皆無といえよう。なんらかの記録が残されていればまだよい方だが、大部分の碑はないも同然というのが一般的である。だが、ないと思わずに「何とか探そう」と少しでもヒントがあるといろいろな所へ出かけ、探し歩いた。

ただ事実を探しに出かけることだけではなく、時間があると何回も碑に会いに行った。碑面を撫で、時には汚れを拭い、こちらから語りかけた。すると、不思議なことに新しい方策が見つかるのである。まるで碑の方から自身の持つさまざまな記憶を一歩一歩辿るように呼び覚まし、教えてくれるように思われた。建てられた由来、「書」を揮毫(きごう)した人やその文字を刻した人について、そして除幕式の様子などである。ある日、碑をじっと見つめていると急に雲間から日光が顔を出し、碑面を照らしたと思ったら、刻の陰影がくっきりととても鮮やかに現れたのには驚嘆した。「なんと美しいのだろう」と思った。碑に何度励まされたか判らない。

文学散歩や郷土史の本や雑誌などに碑の位置等が紹介されている。しかし碑について詳しく総合的に解説したものはほとんどないのが実情である。本書は、試みとして「武蔵野」に立つ四つの碑にいろいろな角度からスポットを当て、そこからどれだけの事柄を引き出し論ずることができるか挑戦してみたものである。皆さんの普段見慣れた石碑に応用し、こんな見方もあるのかと碑についてさらに興味を持っていただけるとたいへんうれしいと考える。

〔A〕と〔B〕は国木田独歩と玉川上水に関係する石碑、〔C〕は玉川上水と松本訓導に関する石碑。〔D〕が玉川上水の両岸に植えられた小金井桜に関する石碑である。今年（令和二年現在）、左記の石碑を人物と仮定し、今度は建碑された年からの年数を数えると次のようになる。ということは、これらの碑石はこの地をこの年数だけずっと見守り続けてきたことになる。

〔A〕三鷹駅北口独歩詩碑　六九年
〔B〕桜橋畔（さくらばしはん）独歩文学碑　六三年
〔C〕松本訓導殉難碑　一〇一年
〔D〕桜樹接種碑　一六九年

『武蔵野』といえば明治時代の文豪・国木田独歩の代表作であり、独歩自身も東京郊外のこの武蔵野を訪れ、散策およびデートを楽しんだ。

「玉川上水」とは、江戸の飲料水不足を解消するために玉川兄弟が多摩川の水を江戸まで引くために掘った用水である。この玉川上水は多摩川の上流から武蔵野の地を横切って江戸まで流れていた。

「松本訓導」については、一部の年配の方を除いて今やほとんどの人は知らないと思われるが、大正時代後半に一躍英雄として全国的に有名になった、今でいう小学校教諭である。しかし松本訓導と玉川上水とのかかわりは、小・中学校の教科書に出てくるような表(おもて)の良いイメージだけではなく、あまり知られていない玉川上水の裏の一面を覗かせる。この碑は、三鷹在住時代の太宰治の散歩コースに位置していて、太宰治とも会っているのである。彼の小説中にも登場する。

令和元年秋、松本訓導殉難碑は建立一〇〇周年を迎えた。武蔵野の有志で子孫の方をお迎えしての講演会と墓前で式典が催されることとなり本書のご縁でお招き頂いた。墓前での記念撮影に加わらせて頂けたことは望外の喜びであった。

近年、田無村名主・下田半兵衛と田無一の能書と謳われた賀陽(かや)玄雪の書に興味を持ち、西東京市内の江戸時代の碑の研究を進めてきた。半兵衛が建立したとみられる碑がいくつか現存す

るが、過眼する限りいずれも玄雪が揮毫しているようである。玄雪の子・玄順が田無神社宮司となって以来、賀陽家は、代々、宮司の職を受け継いで今日に至る。ご縁で社号題字や、木額「授与処」（令和二年六月掲示）などを揮毫させて頂いた。御遷座三五〇年という伝統の重みを意識し心を込めて揮毫したが、身が引き締まる思いがした。

　小金井桜のある玉川上水。行政や市民の方々のご尽力で、雑木を伐採、下草をすべて刈り、応年の上水の姿が少しずつ復活され喜んでいた。しかしコロナ禍のせいか伐採前の姿に戻りつつある。常に手入れを施さないと戻るのは早いということを実感。江戸時代も現代も、維持管理がいかに大変かよく判った。

　私はこれらの碑と会話するために何回も訪

問、春には春のよさ、夏には夏のよさ、秋には秋のよさ等があり、いちばん美しく見えるそれぞれの季節があることが判った。

本書はこの四つの石碑の内に潜む記憶をできるだけ探り、その背景等を読み解き、記録に留めたいと考えたものである。

著者　廣瀬 裕之（舟雲）

目次　刻された書と石の記憶

第二章　国木田独歩・桜橋畔文学碑考　69

第四章　桜樹接種碑考　219
小金井桜と下田半兵衛・賀陽玄雪の書

扉題字 広瀬 舟雲

第一章　国木田独歩・三鷹駅北口詩碑考

東京都武蔵野市内には、国木田独歩の碑は、三鷹駅北口詩碑と桜橋畔（さくらばしはん）文学碑の二基がある。幾人かの先達によってこれら二つの碑の紹介はされているが、建碑の背景・刻文と内容・国木田独歩とこの地とのかかわり・碑石と書についてなど、いろいろな角度から多角的・総合的に論じられたものはないようである。この章は、三鷹駅北口ロータリーに建つ独歩詩碑について上記の点を明らかにし、揮毫者武者小路実篤の書について考察を加えたものである。

一、三鷹駅北口の歴史と武蔵野市

最初に、つまりこの碑のことを述べる前に、碑の名前の一部ともなっている三鷹駅北口と武蔵野市の関係およびその歴史について述べておく必要がある。

ＪＲ中央線は、都心部を経て郊外へ向かうと、中野駅からほぼ東西方向に直線になり長く延びる。三鷹駅周辺はその延長線上にあり、東西方向に線路が敷設されている。ＪＲ三鷹駅の南口ロータリーは駅名の通り三鷹市に属す。ところが少々複雑なのは駅名が三鷹でも北口ロータリーは武蔵野市に属することである。なぜなら三鷹駅の駅舎のほぼ真下を北西から南東に向かって斜めに玉川上水が暗渠となってくぐり、この玉川上水の流れが市の境界となっているからである。

ここに示した大正六年測量の地図〔注1〕を見ていただきたい。ここには、吉祥寺と武蔵境の両駅は記されているが、三鷹駅はまだ存在しない。武蔵境駅と吉祥寺駅は、明治時代の開業（境は明治二十二年四月十一日開業、吉祥寺は明治三十二年十二月三十日開業）だが、三鷹駅は、昭和になってからの開業（昭和五年六月二十五日開業）だからである。東西に延びる鉄道線路と玉川上水とが交わっているところが、のちに建てられる三鷹駅の位置である（地図中央）。この地点の北側（現在の三鷹駅北口周辺に当たる場所）は、上水の土手とわずかな道以外は、いちめん畑であったことが判る。

江戸時代、水の乏しかった武蔵野の原野は、有名な「玉川上水」の開通で、開発が進み、それによって吉祥寺村・西窪村が誕生し、その後、関前村・境村が生まれ、明治二十二年にこれら四つの村などが合併して人口約三千人の武蔵野村が誕生したのである。昭和三年になると人

大正６年測量の地図（大日本帝国陸地測量部製「田無」（部分）

口一万三千人となり町制施行、武蔵野町となる。昭和初期までは、町全体が発展しつつも古き良き武蔵野の面影、つまり独歩の散策した頃とあまり変わらないのどかな風景を満喫できる土地であった。

ところが、昭和十二年、三鷹駅から北へ二キロほど離れた武蔵野町内の畑地のなかに、陸軍関係の発動機（戦闘機のエンジン）を製作する軍需工場、中島飛行機武蔵野製作所の建設が始まり、十三年五月に竣工した。昭和十四年には海軍関係の発動機を製作する中島飛行機多摩製作所が隣接して建設され、十六年から生産を開始した。武蔵野町は、軍需産業で最も重要な生産拠点へと変貌するのである。

昭和十六年というと、太平洋戦争が始まった年である。開設当時、三鷹駅「武蔵野口」といった北口は、三鷹駅開業から十一年目を迎えたこの年（昭和十六年一月二十七日）に開設されたのであった。

当時、三鷹と吉祥寺からこの製作所へ行くバスが運行されていたという。ところがバスの本数に対して利用者の方がとても多く、乗り場に並んでいては間に合わないといい、多くの従業員たちは、三鷹駅から二十分ほど歩いて通勤したという。三鷹駅の武蔵野口開設の第一の理由は、駅北側に位置するこの工場等へ通う人たちの便宜を考えたためであった。

昭和十八年、隣接する二つの中島飛行機工場は統合され、敷地面積六六万平方メートル、従業

独歩・三鷹駅北口詩碑（秋の風景）

第一章
国木田独歩・三鷹駅北口詩碑考

三鷹駅北口ロータリー・中央（夏と冬の風景）

員約四万人とも五万人ともいわれる、中島飛行機「武蔵製作所」という大軍需工場となり、前者を東工場、後者を西工場と呼ぶようになった。武蔵野町は軍需産業の成長とともにその関連する工場やそこで働く人々の住宅等も増加し、軍需産業を中心にめざましい発展をしていった。

　中島飛行機株式会社は、太平洋戦争中、零式艦上戦闘機（ゼロ戦）をはじめとした発動機を生産する国内随一の会社となったため、米軍による最大の攻撃目標としてマークされた。のちに、米軍による大空襲が始まるが、本格的な本土大空襲が始まったその初日の昭和十九年十一月二十四日、この大工場はその最初の攻撃目標とされ、Ｂ29爆撃機の初空襲を受けたのであった。昭和二十年四月一日には、政府の方針に基づき国営化され、第一軍需公廠第十一製造廠と呼ばれた。この工場への直接の空爆は、のべ九回にも及び、工場だけで約二百二十名が死亡、負傷者も多く、また逸（そ）れた爆弾が周辺の町の人々の命を奪い、終戦間近には工場のほとんどが廃墟と化したという。終戦によって工場は閉鎖となった。

　しばらく瓦礫のまま放置された東工場跡地に、昭和二十五年に電気通信省電気通信研究所（現ＮＴＴ武蔵野研究開発センタ）が移転して来たり、巨大野球場「東京スタディアム」がその翌年開設された。この野球場は、株式会社東京グリーンパーク〔注2〕という会社の経営で「緑の大野球場東京スタディアム・収容人員七万人のアメリカ式最新設備・国鉄球団・読売巨人軍二軍のホームグランド」という華やかなキャッチコピーの広告を、市になってまもなくの昭和二十五

昭和 41 年の三鷹駅北口とロータリー（中央の植え込みの木が細く、まだ世界連邦平和像がない。武蔵野市提供）

年二月発行「武蔵野市報」第二〇号に掲載している。しかし実際には都心から離れているのと設備面でこの球場は今一歩だったといわれ、公式戦は、わずか十数試合しか行われずして閉じ、現在この場所は、大きな団地等の建物が建っている。

昭和二十七年、西工場跡地は、日米安全保障条約に基づき、日米合同委員会で米軍施設用地に決定され、昭和二十八年十一月以後は米軍宿舎「グリーンパーク」として、この広大な敷地に米軍将校などの家族用住宅が建築され、しばらくの間、七百六十世帯二千数百人の居住地となったという歴史を経るが、昭和四十八年に日本に返還され、現在は、広大な「はらっぱ公園」として親しまれる都立武蔵野

旧中島飛行機工場跡地。現在、都立武蔵野中央公園

中央公園等になっている。

話は少し遡るが、昭和二十二年十一月三日に市制施行、この時人口六万三千人の武蔵野市となった。三鷹駅北口ロータリーの建設は、昭和十六年頃から計画案はあったが、実際に整備されたのは戦後、市制施行後となってからで、都市計画事業が完成した昭和二十五年には北口広場として、当時中央線随一の広さとなったという。その背景には武蔵野文化都市建設への意欲の表れと同時に「東京スタディアム（グリーンパーク）」建設事業が見え隠れする。

武蔵野市によって開村百年を記念して発行された『アルバム武蔵野百年』（平成元年）には、北口ロータリーが昭和二十五年に造成された当時の写真が掲載されている。

二、武蔵野独歩会と顕彰事業

武蔵野町から武蔵野市となった翌年頃、武蔵野市の地元を中心に独歩顕彰事業の企てが起った。独歩の代表作『武蔵野』に偲(しの)ばれる遺跡とその業績を愛惜しこれを記念する目的で「武蔵野独歩会」が結成されたのである。

結成時の配布資料として作成されたものと思われる、鉄筆で書き藁半紙に謄写版刷りされた「財団法人武蔵野独歩会寄付行為(案)」(昭和二十五年二月四日付)が江戸東京博物館に現存する。そのなかには、「武蔵野市及び設立有志は金参拾万円を出捐(しゅつえん)して明治の文豪国木田独歩の文業を顕彰し、その武蔵野を愛惜せる逍遥の地を記念保存する目的を以て左の条項を定めて寄付行為とする。……」と記されている。しかし財団法人で発足するはずであったが、経費等の関係で任意団体とせざるを得なかったということである。

次に役員を記す。(昭和二十五年六月現在)

独歩詩碑周辺・碑の前側より

第一章

国木田独歩・三鷹駅北口詩碑考

理事長　久米正雄
常任理事　荒井源吉（武蔵野市長）、椎野八朔（東京グリーンパーク専務）、織田曄子
理事　石川栄耀（都建設局長）、飯田春二、小野七郎、木村毅、佐土哲二
桜井辰造（武蔵野市助役）、丹羽慎一、丹羽文雄、松原福蔵、徳川夢声
監事　佐藤良夫、鈴木正夫
顧問　小田内通敏、国木田治子、小杉放庵、徳富猪一郎、武者小路実篤
安井誠一郎、柳田國男
評議員　斎藤弔花、中島健三、鹽田良平、柳田泉、福田清人、神崎清

ほか多士済々の顔ぶれである。
同会の「昭和二十五年度事業計画（案）」によると、

一、独歩忌挙行（六月二十三日）　　二、独歩八十年祭挙行（生誕）（八月十二日）
三、独歩庵建設　　四、記念碑建立　　五、独歩広場開設　　六、機関誌発行
七、独歩墓所掃苔　　以上

独歩詩碑周辺・碑の側面より

第一章
国木田独歩・三鷹駅北口詩碑考

と、七項目が挙げられている。

「武蔵野市報」第二〇号によると、「武蔵野市に新名所がまた一つ・独歩公園の計画」という見出しののち、「独歩会の設立を見た。同日参加者は三十余名で独歩未亡人・武者小路実篤・久米正雄・徳川夢声・石川栄耀・椎名八朔などの顔も見えた。市よりは市長・助役・竹内総務課長、土屋教育課長が出席した。まず本年度の事業としては、中央線三鷹駅北口百五十坪の独歩広場を建設、更に武蔵野市境桜橋付近のクヌギ林約千坪に独歩公園をつくり園内に独歩庵を建設する」と記されている。

まず、ここに「独歩広場」という名称が出てくるが、その広さを「三鷹駅北口百五十坪」と記している点に注目したい。最初、石碑の周りの植栽のある部分、つまり現在、柵で囲まれた土のある場所を指す名称かと考えた。しかしどう見ても五十坪余りと狭く、広場と呼ぶのにはいかがなものか、「独歩庭園」もしくは「独歩の庭」くらいがいいのではとしばらく疑問を持っていた。ところがこの記事により、「独歩広場」とは、柵に囲まれた箇所のみを指すのではなく、その周囲（外側）の比較的広い歩道部分をも指して用いられていることが判った。今日の三鷹駅北口ロータリーでいうならば、交番の建つ南東側の一画すべてである。

昭和三十三年二月に発行された雑誌「武蔵野」二三三号所収・小坂立夫氏の「武蔵野の文学碑を訪ねて」によると、

独歩詩碑周辺・碑の背面より

第一章
国木田独歩・三鷹駅北口詩碑考

「二十五年六月二十四日（独歩没後四十三年目の忌日六月二十三日の翌日）、武蔵野市三鷹駅北口広場で建立の地鎮祭が、治子未亡人はじめ百数十人の参列者が集って盛大に行われたのであった。碑は広場の東南隅玉川上水に接し、くぬぎの疎林の下に北向きにたてられた。この地点については色々の議論が出て、ここは『武蔵野』に描かれている桜橋とは遠く、むしろ桜橋際に建てるのが最も意義がある、という意見が出ていたが、諸種の観点からここに決定したのであった」と記している。

この諸種の観点を探るひとつの記事として、昭和三十二年十月二十日発行の「武蔵野新聞」一九一号中に独歩会の常任理事であった荒井源吉市長の談話がある。「武蔵境にも足を運びゆかりの場所に小公園を設定して建築しようということであったが、私有地でもありやむを得ず玉川上水が武蔵野自然公園に設定になるということもあって三鷹駅前の広場の一角は公有で費用も不要だし、桜橋へのハイキングコースの導標の起点ともなり、或は井之頭へ、或は深大寺へという起点地というような考えもあってあそこに設けたのである」という。

また、昭和四十年代の「読売新聞」には当時の同市水道部長の「三鷹駅北口をおり、すぐそばの玉川上水ぞいに西へ約一キロ行くと独歩散策の『桜橋』へ出る。その道標にもと思いわざわざ駅前を選んだ」というコメントが見受けられる。この二つは、どちらも「桜橋への道標」、いうなれば玉川上水に沿って桜橋へ行く散歩コースの起点（片道一・五キロ）としての役割を強調している点は共通する。

私は、これ以外にもっと強い理由があったのではないかと考える。そのひとつに三鷹駅北口は、武蔵野市役所を始めとした市内の行政機関の最寄り駅つまり市の玄関口であり、多くの乗降客で賑わっている場所のため、より多くの市民や武蔵野を訪れた人々の眼に触れる（見ていただける）ことの方を優先したかったのではないか。二つ目に、軍需産業の町として発展した武蔵野からの脱却を図り、自由な新しい教育的・文化的な都市を目指していることを内外に示すモニュメントとしたかったのではないか、という点である。

小坂氏は、この地鎮祭の折に、記念として「文藝小誌」が配られたと言っている。これはA4サイズに近い大きさの藁半紙一枚に両面印刷を施し、これを二つ折りにした四ページの新聞のようなものである。この「文藝小誌」第一巻第一号は「獨歩號」と称し、地鎮祭の日付の昭和二十五年六月二十四日発行と記され、質素な体裁だが心意気を感じさせる内容になっている。独歩を偲ぶ人々によって次のような題の文章が掲載された。「独歩会（久米正雄）」、「独歩公園（石川栄耀）」、「武蔵野（藤田岩雄）」、「小説の恩人（武者小路実篤）」、「文豪といふ文字（徳川夢声）」、「独歩の死（中村武羅夫）」そして丹羽文雄氏の「独歩は武蔵野の黄塵に悩まされたのでなかったらうか」という軽やかなタッチの毛筆作品の写真が掲載されている。編輯後記に地鎮祭の「当日何か独歩会に関する出版物を頒たうということに急に話がきまってこの『文藝小誌』

の編集にとりかかった」と編集兼発行人の武川重太郎自身も記している。

昭和二十五年といえば、三鷹駅北口ロータリーが完成した年である。ロータリーの造成とほぼ同時に武蔵野市の玄関口の象徴としてこの石碑の建立が進められたといえる。「武蔵野市報」第三五号（昭和二十五年十一月一日）に「独歩記念碑建設地」と記された柱状の標識が立つ地鎮祭後の独歩広場の写真が掲載されている。

当時の関係者の意気込みは高く、次に独歩公園を造り、そこに独歩庵を建て、ここを独歩忌を催す中心にしようといろいろと企てられたという。昭和三十年頃に東京都西部公園事務所の所長を務めた小坂立夫氏は、「或る一日夕暮に独歩会理事長の故久米正雄氏、武者小路実篤氏、小杉放庵氏、徳川夢声氏、都の当時の建設局長故石川栄耀氏、荒井源吉武蔵野市長その他の人々が、きたないトラック様の車に分乗して境の桜橋のたもとに出かけ、独歩が愛人信子と逍遥した小径を辿って独歩公園に相応しい雑木林や竹林一帯の静かな環境の現地検分をしたことがある」と記している。ここに地域振興の一環として市・都といった行政側と当時の文化人が諸手を挙げて取り組んだ事業でもあったことが判る。

三、独歩詩碑の建立

早稲田大学文学碑と拓本の会編『国木田独歩の文学碑』（昭和五十六年）によると、「これは、武蔵野独歩会の要請を受け、市が中心となって建てたものである。製作にあたっては、石川栄耀氏が市の依頼を受け、駅前の一画に独歩広場を造った。更に同氏により碑文の選定がなされた。揮毫は、市の助役であった桜井辰造氏と椎野八朔氏の依頼を受けた武者小路実篤による。また、銅鋳の独歩のレリーフは独歩の二男で彫刻家の佐土哲二氏が担当した」と記されている。碑陰に、

碑文　武者小路実篤之書
俏像　独歩次男　佐土哲二
昭和二十六年三月　武蔵野市之建
施工　多磨墓地前　米内石材店

と刻されている。

佐土哲二作「独歩像レリーフ」落款部分

武蔵野独歩会の理事に名を連ね、ブロンズのレリーフ制作を担当することになった佐土哲二は、独歩を父とし、国木田治子を母として生まれた。昭和四年十月十日の「東京朝日新聞」に当時上野の美術学校彫塑科四年生であった哲二が帝展第三部（彫刻部）へ出品した作品「望み」が初入選した記事が掲載されている。そのなかで『望み』という題は、今後の僕の心境を表はした作品」と述べている。

また、昭和九年九月一日の「東京朝日新聞」にも彫刻家としての哲二の記事が掲載されている。そこには、「新人不振の院展彫刻で『これは……』と審査員の瞳を惹きつけた力作、全裸像の女をものした新人こそ故國木田獨歩の遺子（次男）佐土哲二

佐土哲二作「独歩像レリーフ」

第一章

国木田独歩・三鷹駅北口詩碑考

（二十七）で一昨年の美校出。自炊生活をしている東京杉並區永福町のアトリエ……そのアトリエでニコニコ顔で語る。私は六歳の時、佐土家に養子に行ったが今はここに獨身の自炊生活をしてゐる。五年許り前に帝展に入選したことがあるが、院展は初めてです。彫刻ばかりでなく文學も研究したいと思ってゐます」と哲二のコメントがここに併せて記されている。哲二自身が彫刻家としてのこと以外に、養子になったこと、両親の血を受け継いでいるようで文学にも興味があることなど生い立ちを語っている。また、彫刻家・哲二のした仕事の一つとして、『蟹工船』の作者として有名な小林多喜二のデスマスクを制作したことが知られている。

　三鷹駅北口詩碑に嵌(は)め込まれている哲二作「独歩像」のレリーフと同一の型から作成された同じものがもう一つ存在し、現在、江戸東京博物館に収蔵されている〔注3〕。こちらは元東京都立の文学館に収蔵されていたものといい、風雨にさらされることなく保存されていたため、鼻筋が通り、レリーフ表面左上に記された落款の「昭和」の「和」の「のぎへん」下部は欠損していない。さらに落款の文字について見ると、「哲二作」の三字は、慣れもあり、おおらかで伸びのある字形だが、「独歩像」の三字は、父の名であるためか文字のバランスを取ろうと緊張しつつ丁重に記していることが窺(うかが)える。このレリーフは、立派な鼻髭を生やし当時流行した背広姿の独歩の有名な肖像写真をもとに作成されたものである。この「独歩像」のレリーフの眼は、武蔵野を凝視しているようにも見え、かすかに頬笑(ほほえ)んでいるようにも見える。

これらの記録をもとに整理すると、昭和二十五年六月に地鎮祭。独歩肖像レリーフの落款により、レリーフが昭和二十五年十月に完成（佐土哲二・四十三歳の作品となる）。石碑の設置された駅前の一画の土地（「独歩広場」）の造成と石碑本文の撰文については、石川氏が大きく関わっていたらしいことが判る。

こうして縦三一センチ、横二八センチの大きさのブロンズレリーフと、独歩の詩を書いた実篤の書が完成したところで、施工の石材店で石碑本体（碑身）に文字が刻され、レリーフが嵌め込まれて石碑が完成した。石碑の完成が碑裏面の銘刻により昭和二十六年三月ということが判る。そして石材店からこの広場に運ばれて、設置され、昭和二十六年四月三日、治子未亡人や久米正雄ら数十人の見守るなかでこの石碑が除幕されたのであった。

四、独歩詩碑の刻文と内容について

横幅約二五〇センチ、高さ四〇センチ、厚さ五〇センチの自然石の台座の上に、いちばん高い部分が九八センチ、横幅の広い部分が二一〇センチ、厚さ二〇センチから二五センチの碑石本体（碑身）が乗せられている。この横長の自然石の碑の表面（碑陽）には、

刻面「山・林」

獨歩詩碑　《独歩の肖像レリーフ》

山林に自由存す　　實篤書

と刻されている。「山林に自由存す」とは、独歩の詩の題名であり、その詩の冒頭の一節でもある。当時、全国各地に文学碑が建ち始めたが、独歩の代表作『武蔵野』にちなむ武蔵野の地にまだ独歩の文学碑が一基もなかった。北口ロータリーは、三鷹駅前といえども武蔵野市に属すことは先に述べたが、さらに、昔も現在の地に移転後の今も武蔵野市役所のJR線最寄り駅でもあることは変わらない。戦時下の国策とはいえ戦争という歴史の渦の真ん中に投げ込まれたことからの解放を叫び、新しい民主主義の世の「自由」と「平和」を目指す意味でも、新しい武蔵野市のその象徴としてふさわしいものとして、「山林に自由存す」の一節が選ばれたものと考える。

この一節は、独歩の世界を代表するものであるが、私は、この碑に刻まれた「山林」は、自由に憧れた独歩の世界を表しているのと同時に、この一節のなかに武蔵野市民の自由と平和への祈りが込められていると考える。軍需工場の建設によって屋敷林や多くの畑や草地が失われただけではなく、自由そのものが束縛された世の中になった。それらが建つ前の「山林（もとの武蔵野の風景いわゆる武蔵野の原風景）のなかにこそ本当の自由が存在する」との意味も含まれているのではないかと推測する。

山林に自由存す
われ此句を吟じて血のわくを覺ゆ
嗚呼山林に自由存す
いかなればわれ山林をみすてし

あくがれて虚榮の途にのぼりしより
十年の月日塵のうちに過ぎぬ

ふりさけ見れば自由の里は
すでに雲山千里の外にある心地す

皆を決して天外を望めば
をちかたの高峰の雪の朝日影
嗚呼山林に自由存す
われ此句を吟じて血のわくを覺ゆ

なつかしきわが故郷は何處ぞや
彼處にわれは山林の兒なりき
顧みれば千里江山
自由の郷は雲底に沒せんとす

山林という大自然のなかにこそ精神的な自由が存在する。私はこの句を吟じると心が奮い立つ思いがする。ああ、山林という大自然のなかにこそ精神的な自由が存在する。どうして私は山林という大自然を見捨てることができようか。いやできやしない。

刻面「自・由」

憧れて志を抱いて虚栄の紛雑のなかに身を没して、十年の月日がチリのように過ぎ去ってしまった。気がついて振り返ってみると、私が追い求めている自由の里は、もはや雲のように見える遠い山のまたその外にあるような心地がする。

まなじりを見開いて非常に遠くを望めば、はるか向こうの高峰に朝日の光が見える。ああ、山林という大自然のなかにこそ精神的な自由が存在する。私は、この句を吟じると心が奮い立つ思いがする。

懐かしい私の故郷はいったいどこにあるのであろう。私はそこの山林の児である。思うにはるか遠くの川や山のあるつまり自由の郷は、雲底に埋没しようとしている。

と、訳せよう。川副国基氏は、「『独歩吟』のことなど」〔注4〕のなかで「東京は地方人の集りの場処ともいわれます。いわば、山林の子がそれ〲の意を抱いて虚栄の紛雑のなかに身を没しているところだとも考えられます」と述べている。

この詩は、独歩二十六歳の時のもので、明治三十年二月二十日発行の「國民之友」第二〇巻三三六号に初題を「自由の郷」として発表したものである。ちなみにこの時のペンネームは「鐵斧（てっぷ）」であった。このネームは、本名の「哲夫」を音読みにして別な漢字をあてたものである。『国木田独歩全集』（学習研究社・昭和四十年）では、この詩は第一巻の詩「独歩吟」中の「抒情詩より」のなかに掲載されている。

五、碑石について

山林つまり大自然をこよなく愛した独歩にふさわしい碑石の形として自然石が選ばれたと考えられる。碑石裏面（碑陰）の平面に加工され磨かれた跋文の箇所と、碑石の表面（碑陽）を抉（えぐ）ってレリーフを嵌め込んだ周囲のみに、美しい黒御影石の石肌が出ている。はじめてこの自然石の碑身を見たときは、別の自然石に黒御影石を嵌め込んだものと思った。それは、ザラザラ

黒御影原石の石肌と磨かれて黒光りする断面（レリーフの右下部）

でややゴツゴツとした自然石本体の色が灰色かかった茶系であり、メインの「山林に自由存す」と刻された文字自身の刻面の色も同様にどちらかといえば灰色がかった白色で、黒くなかったからである。

「この自然石の正式な岩石名は何だろう？」と、石肌に触れるごとに考えた。施工者として「多磨墓地前米内石材店」と刻されていたので、多磨霊園前の石材店を探してみた。米内家（よないや）という看板のお店があったので、お伺いすると、確かにここの庭で、先代のご主人が約五十年前に精魂込めて刻したということをお聞きできた。「碑石は黒御影の自然石だよ。黒御影石の自然石は希少なもの。この時、父が立派な黒御影の自然石を二基仕入れてそのうちの一つに刻した」と当時のことを話してくださった。

さらに黒御影は、自然石のままだと、石肌表面の色は茶系であり、磨いて初めて黒色の光沢が出るということを知った。つまり石に鑿を入れただけでは、黒くならないのである。御影石は正式な岩石名は花崗岩というが、黒御影石は、閃緑岩という。黒御影石は、組織は細粒で硬く、耐久性・耐摩耗性があり、風化に強いということである。

六、揮毫者・武者小路実篤と武蔵野

「山林に自由存す」が撰文されて、書は独歩会の顧問をお願いした武者小路実篤に依頼した。武者小路実篤というと、今日では実篤公園となっている調布市の仙川の家を思い出す。ここは、実篤が晩年に過ごした場所で、今でも自宅と庭がそのまま保存されている。実篤は転居をよくした。初期の頃から昭和八年以前はここでは省略するが、昭和九年二月吉祥寺鶴山小路へ転居。同年十二月九日吉祥寺日向小路に転居。そして昭和十二年六月に三鷹の牟礼に転居した。実篤は、昭和二十六年十一月に文化勲章を受章し、三鷹市名誉市民の称号が贈られている。その後、昭和三十年になって調布の仙川に転居する。

実篤は、この石碑の文字を書いた時は三鷹に住んでいたが、吉祥寺在住の頃もあり、もと武蔵野町民（市民）でもあった時期があったことが判る。

七、実篤の書と鄭道昭

実篤は、文学以外に絵画と書をよく嗜んだ。調布市武者小路実篤記念館に陳列してある「澄泥硯（墨を磨る丘の部分が摩耗して穴の空いた硯）」はとくに有名である。良質の墨をよく磨り、多くの作品を残した。

実篤は書画を書くとき「懸腕直筆」でゆっくりとじっくりと線を引いている。この筆使いは、叔父の勘解由小路資承から学んだという。器用に上手に見せようとするのではなく線質のなかに滋味のある表情を呈している。書の古典でいうと、中国・北魏時代の鄭道昭の書とよく似ている。実篤は、書の拓本を多く持っていたが、そのなかに鄭道昭の拓本も含まれていた。

実篤は自身の随筆「書に就て」〔注5〕（昭和二十九年十月）のなかで、「何年か前に鄭道昭の拓本を買って、持って帰って見てゐる内にすっかり感心したことがあった。鄭道昭の書は、自分でもかけるやうな楷書でかいてある。草書のうまいのは僕にはとてもかけないから、その甘さ自由さ面白さには驚嘆するが、ぴったりわからない処があるが、鄭道昭のはあたり前の字がかいてあって、感じが実によく出てゐて、それで実に感じが大きい。不思議な感じで、僕は見てゐる内に夢中に感心した」と記している。

また、「しかしその後、あまり見ないので、今一時程夢中ではないが、しかしどうして内の感じがあんなにまで筆力がでるのか、ぴったり自分の感じを出している。その出し方に感心し、その出されてゐる大きさと、のびのびさに感心し、どう言ふ生活からこんな気分が生まれるのかと、驚いた。今時の人には想像のつかない、ゆったりした生活をしてゐた人に思はれる」と記し、実篤の眼で見た鄭道昭の書についての所感を述べている。

鄭道昭は、中国北魏時代の知事であり、山東省に聳える雲峯山・天柱山・太基山・百峯山に登っては、山の岩壁や巨岩に自詠の詩や題字などを直接書いては刻させた書家としても有名である。山の自然の岩壁や巨岩の一面（岩肌）に詩や題字などの文字を刻したものを「摩崖」というが、鄭道昭の摩崖のなかでも、五一一年に雲峯山の麓の巨岩に刻した「鄭羲下碑」「論経書詩」が有名である。鄭道昭の書は、素朴でゆったりとした雄大な書風のなかに、篆書と隷書の風韻が兼ね備わり、円筆と方筆の筆法が程よく混じりあっている。「雲峯山・天柱山・太基山・百峯山」という四つの山々とその周辺に刻された鄭道昭関係の摩崖書の拓本を集め、セットにしたものを『雲峯山摩崖全套』といい珍重されている。

瀧井孝作は、実篤追悼の文章中〔注6〕で、「私は志賀さんの所にある、戦前に銀座の鳩居堂から購はれた、鄭道昭の雲峯山碑の全拓本帙入り二帖十冊本が武者小路さんの所にもあると鳩居堂からきいて居たので、けふ訪問したついでにこれも見せてもらはうかと思ったが、志賀さんの所で見た同じもので、それは口に出さずに、余りおじゃまするのはと思って、おいとました」と、実篤が、志賀直哉所蔵の鄭道昭『雲峯山摩崖全套』と同じ拓本を所蔵していたという逸話を記している。実篤は志賀直哉とも深い交流があり、同じ頃、手に入れたらしい。

瀧井孝作は、また「良寛の名筆を所蔵され、六朝時代の鄭道昭の雲峯山碑全拓本も所蔵されて、その他の名筆もよく認めて居られたわけだが、平常習字はされないかもしれない、と思った。名筆の誰の影響もうけて居られないやうに、私は思った。それは、武者小路さんの書は五十年も前の大正時代の書と近年の書とあまりかはらないやうで、生まれつきの生得そのもので……。武者小路さんの絵も、また書と同じやうに誰の影響もうけて居られない、生まれつきの生得まる出しの感じ、と私は思ふ」とも記している。

文中にある志賀直哉所蔵の鄭道昭『雲峯山碑全拓十冊本』は、のちに直哉から「これを生かすのは君だ」と瀧井孝作に贈られ、孝作はいつも座右において愛玩し、小説を執筆したという。その後、孝作は次に「これを生かすのは……」と東京学芸大学に寄贈され、現在『鄭公石刻』（十冊本）として同大書道分野に保管されている。寄贈された当時、学芸大学の書道教室で何回

である。

か拝見した。剪装本の折帖に装丁されているもので、拓本の墨の色も上々、気品に満ちた精拓

ところで実篤所蔵のものは現在『雲峯山摩崖刻碑拓本』（帙に実篤の書き込みあり）として調布市武者小路実篤記念館に収蔵されている。実篤記念館において学芸員の方々立会いのもと、実際にこの実物を見せていただくことができた。この拓本は、剪装本の冊子に装丁され、全部で十冊あり、五冊ずつ紺色の二帙に入れられている。一冊の表紙の大きさは、縦四一センチ、横二七センチである。表紙に穴を空けて糸で綴じられた装丁の冊子を「線装本」と呼ぶが、この冊子は一般的な四つの穴以外にもう二か所穴を空けて糸で綴じた「康熙綴じ」という中国風な綴じ方の装丁である。だが、「此天柱之山」の拓本など文字サイズが大きいものは、一文字ずつ分割して表装し、それぞれを折り込み型式にして畳んで綴じられている。つまりそのページを開き、畳まれているものを広げると大きな一面（ページ）になるという工夫が凝らされている。

先に述べた雲峯山等の山々に刻された鄭道昭とその子・鄭述祖らの書の拓本が綴じ込まれている。ほとんどが黒々としっかり採拓された烏金拓である。各冊子の装丁の方は年代を経ているがまだしっかりとしている。しかし帙は年代を経ているのと所蔵者が自身の愛蔵品として、しばしば手に取って出し入れされたためかかなり傷んでいる。紺色の布で覆われた帙の外側には、実篤書の「鄭道昭　拓本一」という題箋が貼られている。

もう一方の紺布で覆われた帙は痛みが激しく破損し、部分のみの姿となっているが、その帙の内側の二つの面の煤茶色の裏紙のところに、実篤自身の「この拓本によりて滎陽鄭道昭に大感心せり　昭和十五年十一月」という書と「滎陽鄭道昭萬歳」という書が揮毫されている。鄭道

調布市武者小路実篤記念館蔵
鄭道昭「雲峯山磨崖刻碑拓本」十冊

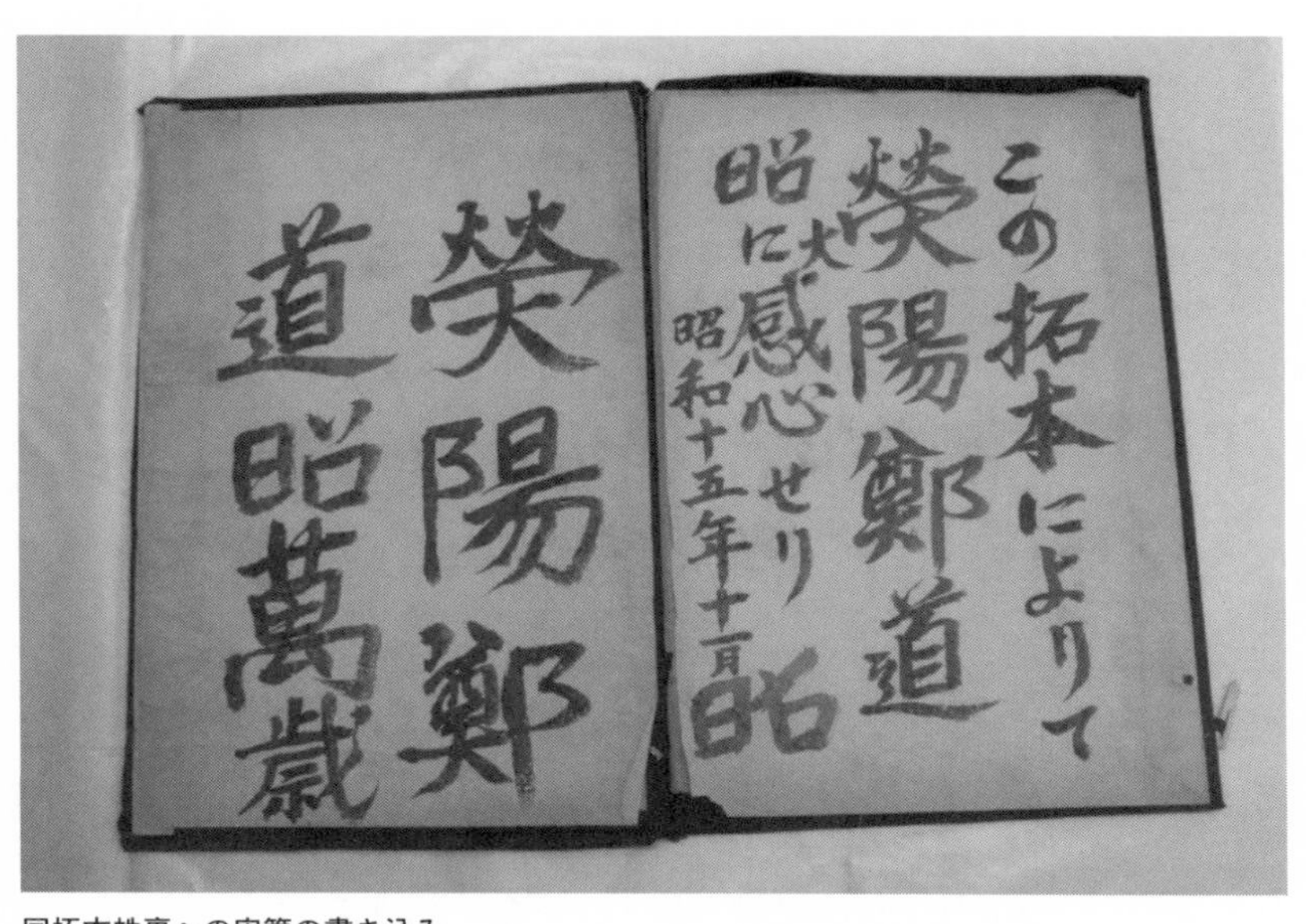

同拓本帙裏への実篤の書き込み

昭の拓本を手に入れた喜びを実篤は、鄭道昭の書を倣書しつつ記しているのである。この拓本が先ほど記した実篤の随筆「書に就て」中に出てくるものの現物であることが判る。さらに帙に毛筆で記された日付「昭和十五年十一月」の下部に薄い墨で鄭道昭の「昭」の文字が臨書されているのが面白い。紙が経年変化して煤茶色を帯びていたことから、これらの実篤の書は最初、墨色が油煙墨を磨り多少薄めたもののように見えたが、熟視すると文字の周辺部の墨色に青みを帯びた灰色がかった箇所が見られることから松煙墨で揮毫されたものと思われる。

ここに記された実篤の書は、形式にとらわれていない。喜びのあまり書きたくなったのでこの感動をここにとどめたといわんばかりのおおらかな書である。瀧井孝作は、先の文中に「平常習字はされないかもしれない、と思った。名筆の誰の影響もうけて居られないやうに、私は思った」と記しているが、帙裏の裏紙に実篤が鄭道昭の書を学書した一端を窺い知ることができた。

この拓本の冊子をめくっていくと、いくつかの拓本のページ内に、まったく同じ場所の文字が採拓された「別の拓本の断片」が比較のために挿まれていた。拓本の同字比較をして学書(研究)した跡があるのである。この挿まれている拓本断片にも一枚ずつ表装が施されている。挿まれた別拓本の方が碑刻の磨滅が少なく、字画がくっきりとしているためこの冊子より更に採拓時期が古い旧拓本の一部と見た。

しかし、次のページに挿まれた旧拓本の断片とこの冊子の拓本を比べると今度はなぜかこの冊子の拓本の方が刻がくっきりとしているという矛盾が生じるのである。古文物は所有者の変遷(移動)があるので、正確には不詳だが、「実篤がこの矛盾に気づき、不思議に思って挿み込んでおいたものではないか」と考えられないであろうか。実篤の鄭道昭に対する興味・愛玩度の高さを示すひとつの表れと考えたい。

この十冊の冊子本は、今では碑石そのものが失われてしまった珍しい拓本や採拓の優れた佳拓本が多く含まれているとても貴重なセットであることは間違いない。一方で鄭道昭関係の刻

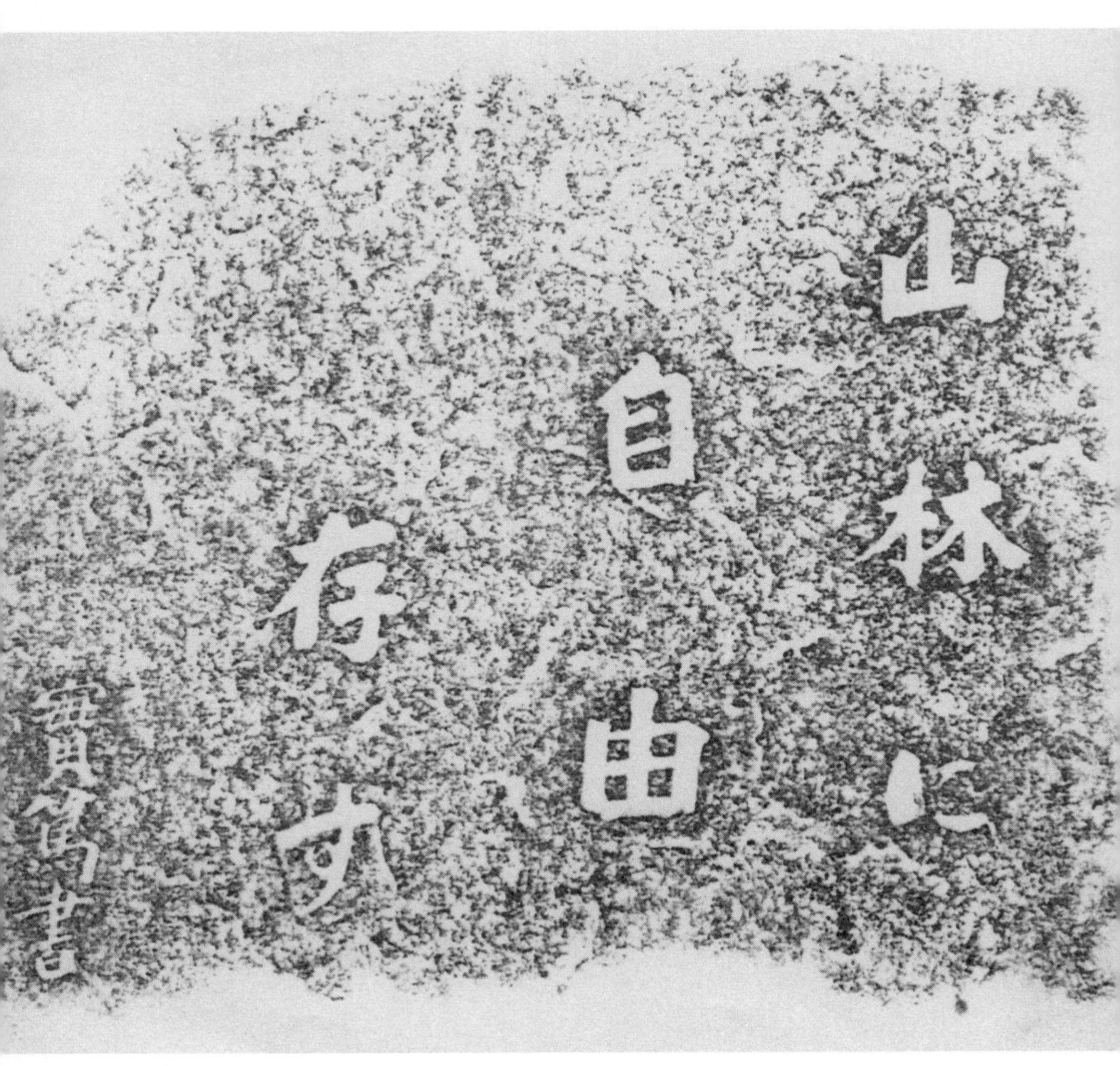

独歩詩碑（左上）とその拓本（蟬翼拓）

碑は数が多いのとそれぞれの所在場所が離れているので、この冊子本を過眼すると、採拓した人物も複数人いたと思われ、採拓時期や採拓技術の技量の相違が多少あったものと思われる。一般の人には気が付きにくい剪装本にはありがちな巧妙な入墨の跡がこの冊子にも一部見られた。

同館収蔵品には、他に龍門二十品や泰山金剛経の拓本があることからも六朝時代の荒削りで力強い書や、素朴で雄大な書を好んでいたことが判る。

実篤は鄭道昭『雲峯山摩崖全套』の拓本を時々開いては鑑賞していたものと思われる。そこで鄭道昭の書と独歩詩碑の実篤の書（刻の写真と拓本）とを比較してみた。

ここに文字比較のために掲載した鄭道昭

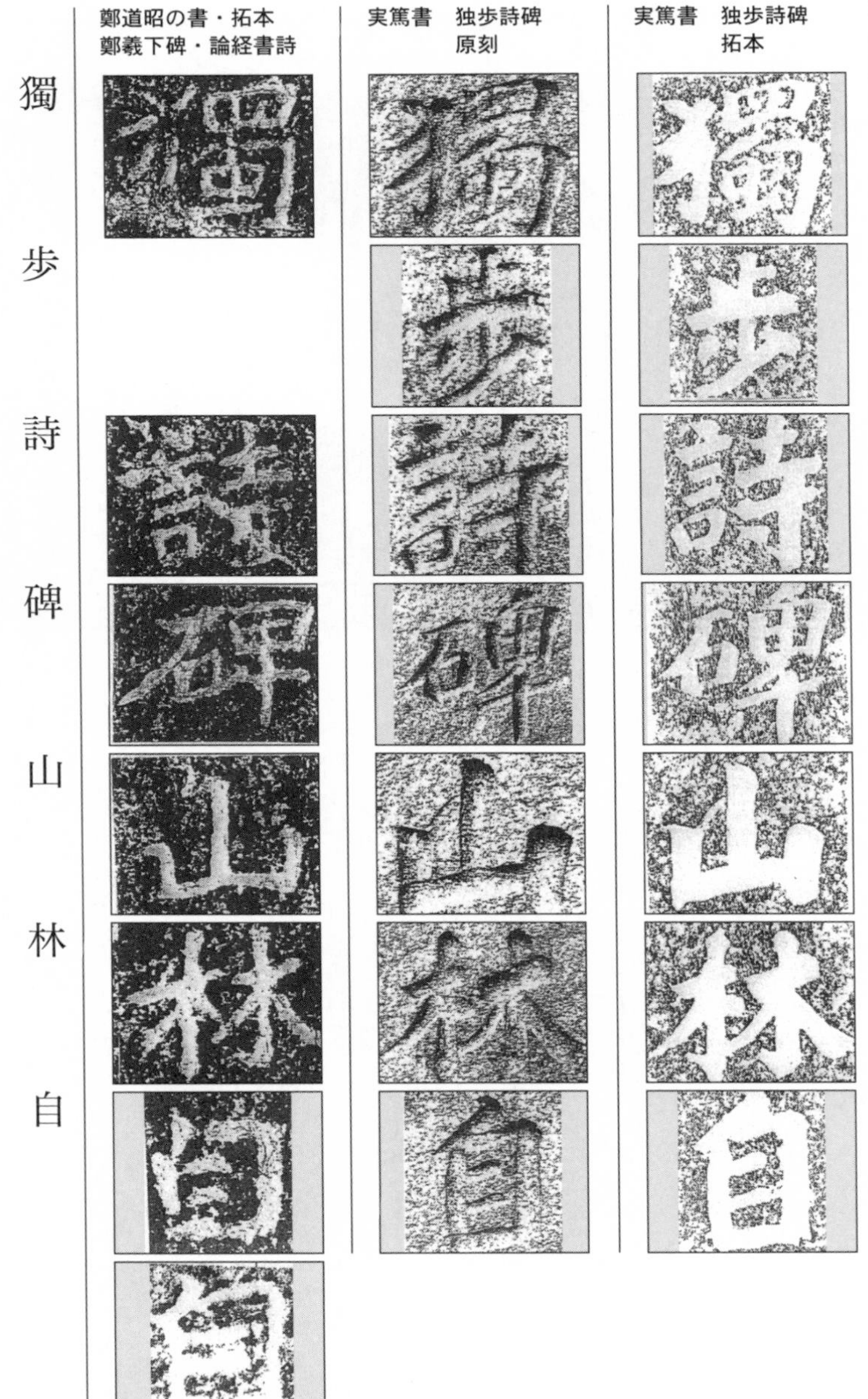

鄭道昭の書・拓本
鄭義下碑・論経書詩
実篤書　独歩詩碑
原刻
実篤書　独歩詩碑
拓本
獨
歩
詩
碑
山
林
自

	鄭道昭の書・拓本 鄭羲下碑	実篤書　独歩詩碑 原刻	実篤書　独歩詩碑 拓本
由			
存			

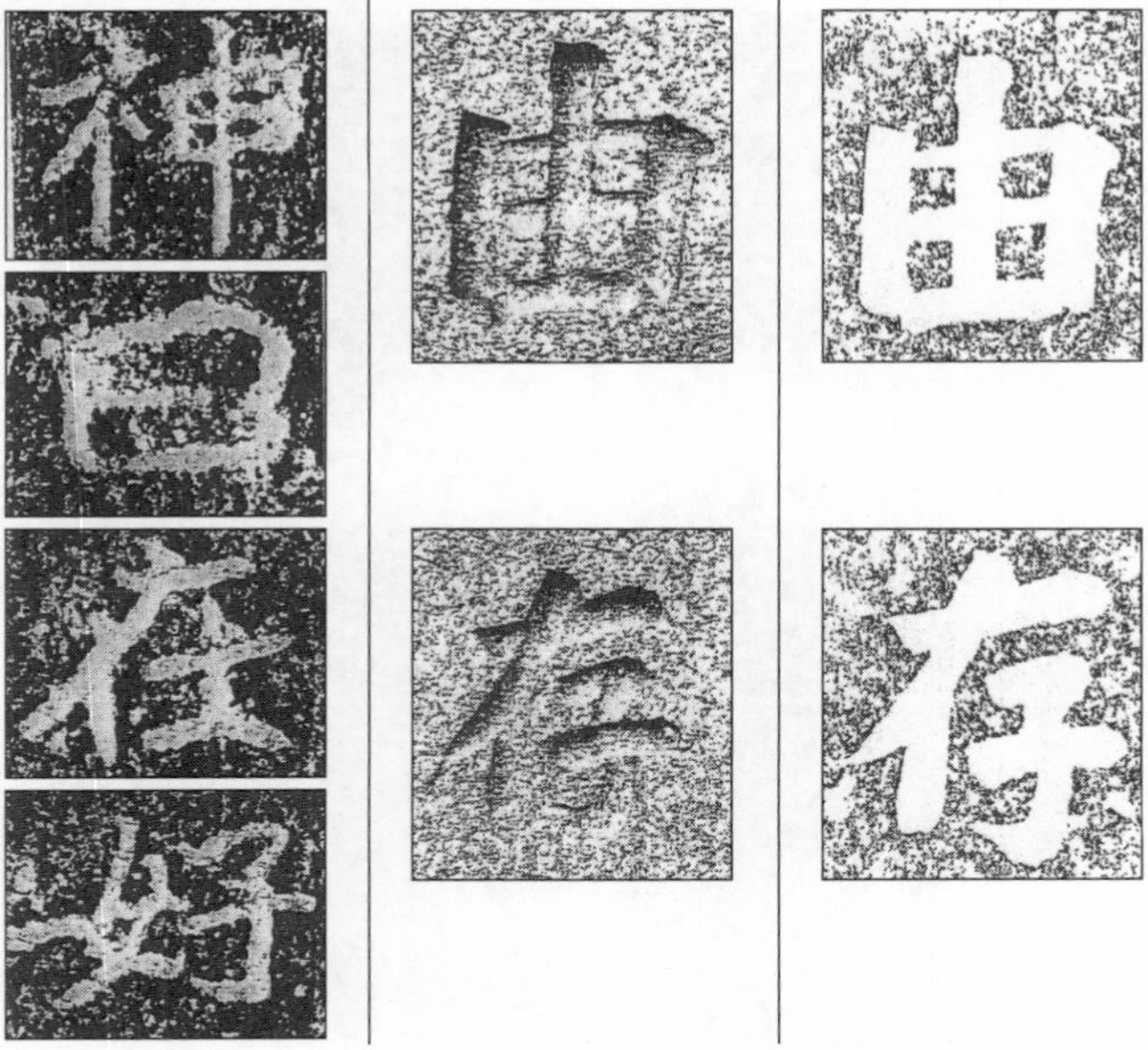

の書の拓本は、実篤蔵のものとは別の「烏金拓」であり、実篤書の独歩詩碑拓本は、「蟬翼拓（せんよくたく）」である。ところで拓本の採り方は、大きく分けて二通りある。烏（からす）の翼の色のように真っ黒になるまで墨を重ねて採拓したものを烏金拓といい、蟬の羽のように少し透き通ったような淡い感じで墨を重ねて採拓したものを蟬翼拓という。独歩詩碑の蟬翼拓は、武蔵野市教育委員会の許可を得て新たに採拓したものである。

　鄭道昭の摩崖は、大部分が花崗岩つまり御影石の自然石である。独歩詩碑の碑石は黒御影石の自然

實篤書

鄭道昭の書・拓本
鄭羲下碑

実篤書　独歩詩碑
原刻

実篤書　独歩詩碑
拓本

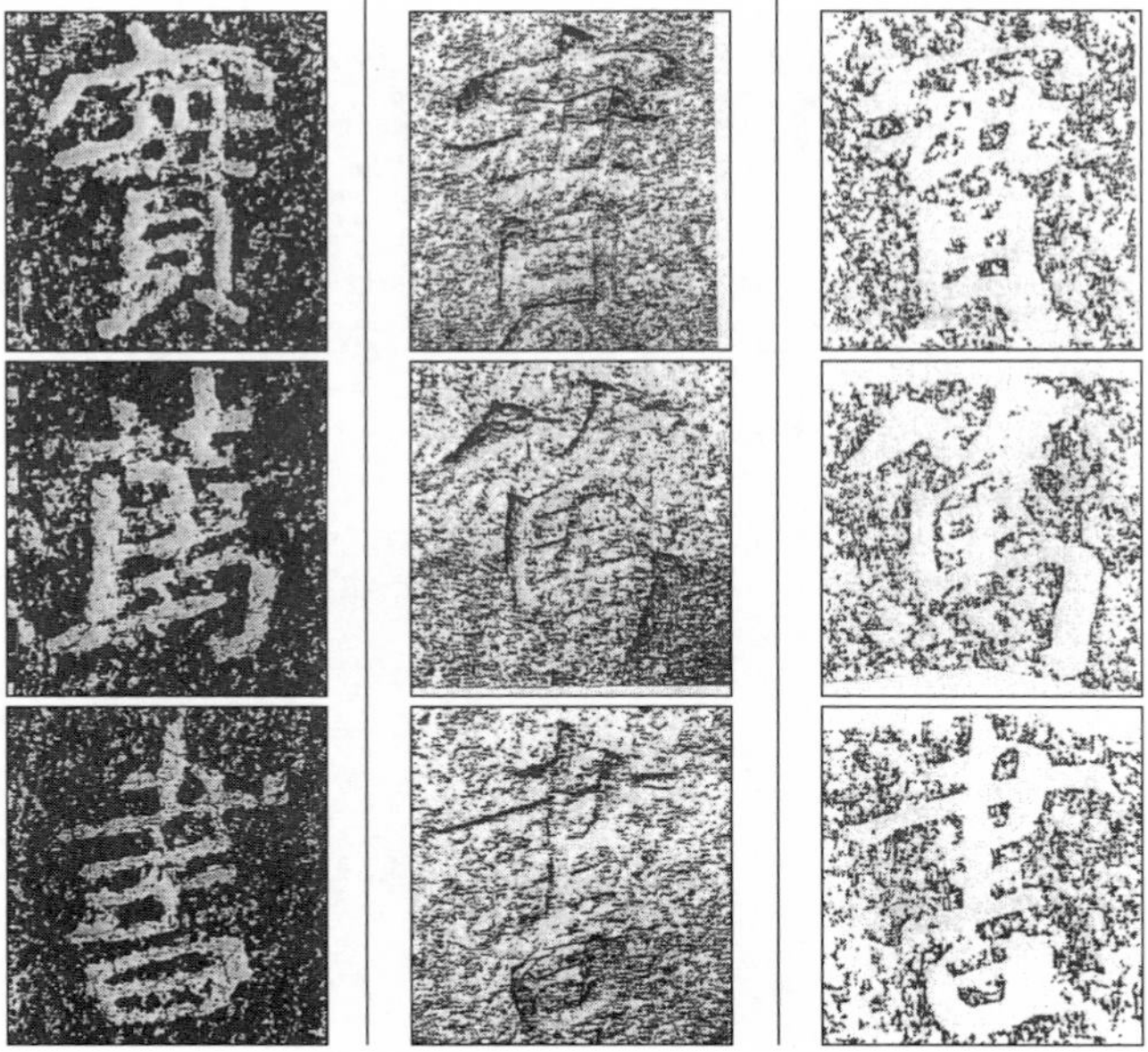

石なので石表面の肌合いは大いに共通する。鄭道昭の摩崖が刻されたのは今から約千五百年前なので、風雨にさらされ、文字の輪郭や碑石そのものが摩滅している箇所があることは否めないが、その分、風趣があるともいえる。独歩詩碑の石肌は鄭道昭の摩崖とほとんど同じなので拓本でも同じような石紋の見られる採れ方をしている。しかし五十年を経たとはいえ、鄭道昭摩崖と比べると遙かに新しいのでまだ文字の刻面がしっかりとしていて、摩耗による風趣は見られない。鄭道昭摩崖の文字は、V字いわゆる「薬研彫（やげんぼり）」で刻されてい

るが、独歩詩碑の方は、角縁円彫（かくぶちまるぼり）を基調としつつ、文字の筆画によって平彫にも見える箇所がある点が異なっている。

実篤の書は、鄭道昭の書の線質と似ていておおらかな点は、共通することが判る。字形は、「實」という字がいちばんよく鄭道昭と似ている。文字のふところという点で比較してみると実篤の方が少々痩せていることが判る。同字が見当たらない文字については、近似しているものを掲載した。

八、独歩詩碑の周囲（独歩広場の植栽）

野田宇太郎は、「独歩詩碑はつい先日三鷹駅北口広場の隅に建ったばかりである。三鷹が独歩に特に因縁があるわけではなく、ただそこが武蔵野の一角であると云ふだけの理由である。三鷹地方の独歩文学愛好の有志が集まり、独歩記念会が出来て、武蔵野市が協力して作ったのである。三鷹駅の建物を背景に、庭園風に狭い武蔵野の雑木林を型取ってクヌギ、ナラ、シデ、ヌルデなどの植え込みの中に高さ四尺横八尺の横広い自然石が置かれ、……」と『文学散歩・別巻一「新東京文学散歩」』（昭和五十四年刊）のなかで記している。

野田は、文学散歩の始祖ともいわれる人物で文学に関係する全国各地の場所を実際に行き、見てきたことを文章にまとめている。「つい先日三鷹駅北口広場の隅に建ったばかり」というところから、この文章は、本の発行年より、かなり前に執筆されたものと思われる。

「三鷹が独歩に特に因縁があるわけではなく、ただそこが武蔵野の一角であると云ふだけの理由」という発言には、少々異を唱えたい。この石碑の建っている場所は、独歩は歩いて散歩はしていないのだが、独歩が、三崎町から国分寺および境停車場まで甲武鉄道に乗車していることは事実、ということは、この地点を何回か通っていることになる。次に、この地点は、独歩にとってまさに忘れ難い思い出のつまった玉川上水と自身の乗車している鉄道が交差している地点でもあるということ。これらのことから考えて、この地点は独歩にとって因縁がないとは言い難いからである。「武蔵野独歩会」を「独歩記念会」と記している点は、意訳したものとすれば、許容される。

さて、私は、ここに記された樹木名に非常に興味を持ち、現在（平成二十二年五月）の独歩詩碑の建つ一画の樹木調査をしてみた。

イヌシデ二本、　クヌギ二本
コナラ二本、　ネムノキ一本

ムクノキ一本、　ヤマグワ一本
ヤブツバキ一本、　ツバキ三本

の合計十三本であった。このなかで私が特に注目したのは、武蔵野市で定めた「大木シンボルツリー２０００計画」に指定され、登録ナンバーを記した鑑札の付いている六本の樹木である。この計画は、一九九四年から現在ある大木や大木になりそうな樹木だけではなく、街のシンボルとして後世に残せるような植栽を進め、保存樹木を含め、二千本を西暦二千年代に指定していく計画である。

保存樹木標識「大木・シンボルツリー 2000 計画」

①０８９２番　イヌシデ　②０８９４番　クヌギ
③０８９６番　コナラ　④０８９８番　コナラ
⑤０８９９番　ネムノキ　⑥０９００番　ムクノキ

ここで０８９３・０８９５・０８９７といった欠番が気になったので調査してみると、０８９５番はクヌギ、０８９７番はコナラと判明し、駅のロータリーでも中央の北村西望

独歩詩碑周辺の植栽図　二〇一〇年五月現在・十三本（廣瀬作成）

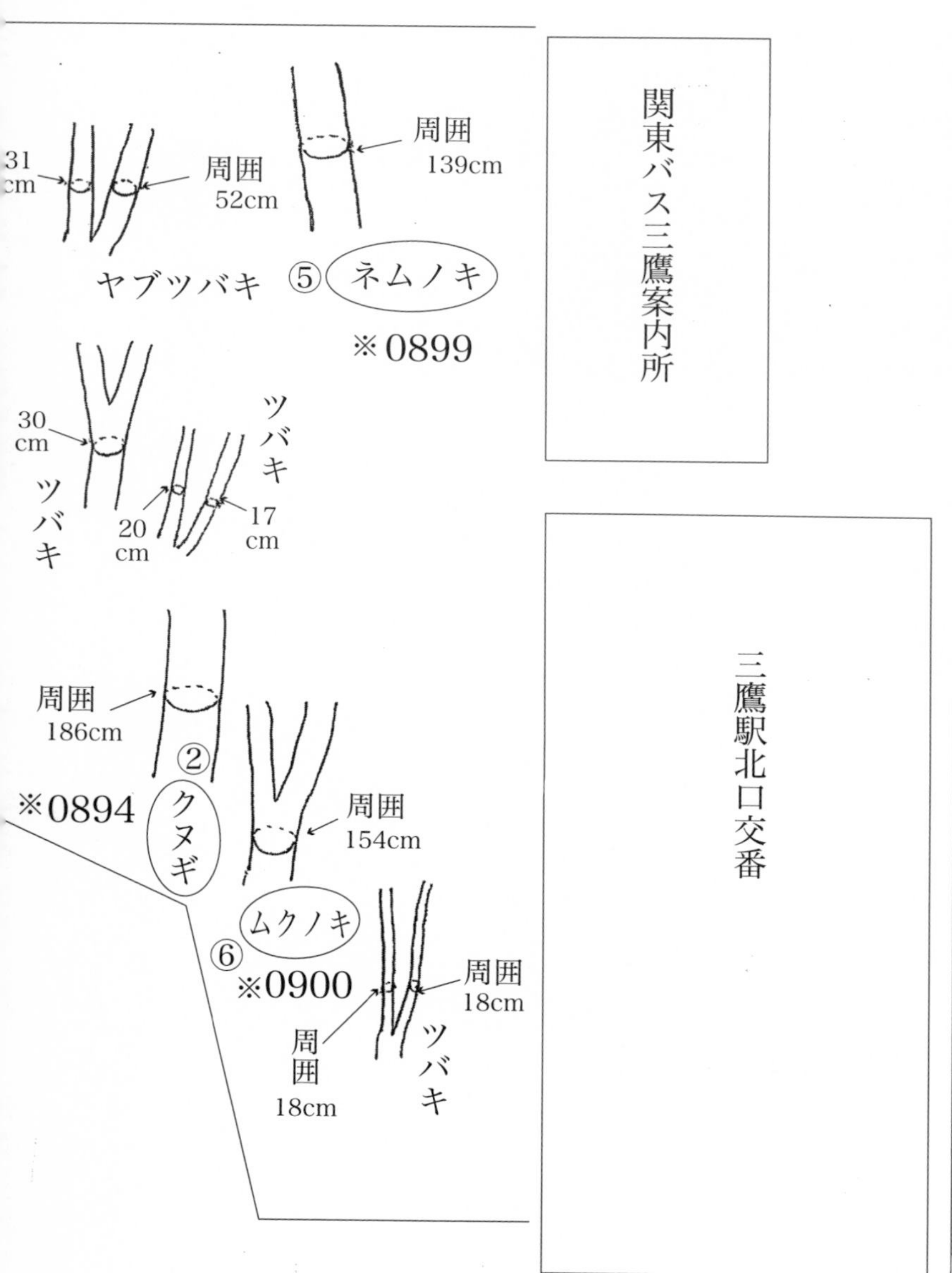

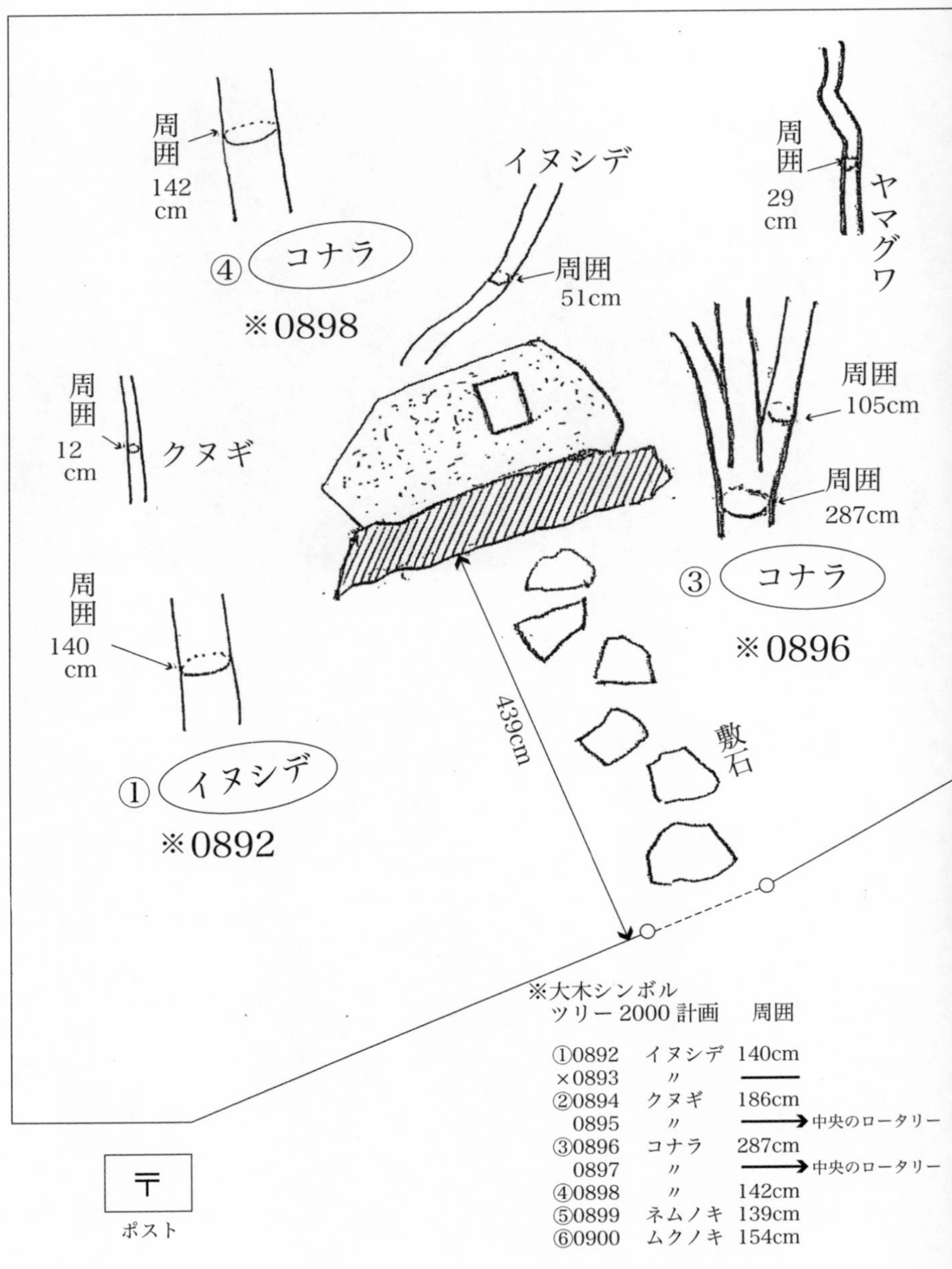
周囲
142
cm
④ コナラ
※0898
イヌシデ
周囲
51cm
周囲
29
cm
ヤマグワ
周囲
12
cm
クヌギ
周囲
105cm
周囲
287cm
③ コナラ
※0896
周囲
140
cm
439cm
敷石
① イヌシデ
※0892
※大木シンボル
ツリー2000計画　周囲
①0892　イヌシデ　140cm
×0893　〃
②0894　クヌギ　186cm
0895　〃　→中央のロータリー
③0896　コナラ　287cm
0897　〃　→中央のロータリー
④0898　〃　142cm
⑤0899　ネムノキ　139cm
⑥0900　ムクノキ　154cm
〒
ポスト

植栽図・②クヌギ（左）と⑥ムクノキ（右）

作の記念像の周囲にあることが判った。あと一つ0893についてだが、北口交番を拡張するために平成二十年に伐木されたということが判った。イヌシデの木であったという。

これらの樹木は、石碑を建てた時に武蔵野の雑木林〔注7〕に見立てて、武蔵野の雑木林にある樹木を植えたことが判った。

建碑当初の全植栽については資料を見つけることができなかったが、昭和三十三年前後に撮影された独歩詩碑の写真が武蔵野市広報課にあることが判った。これを見ると当時、独歩詩碑の文字の刻内に「白い塗料」が入れられていた痕跡が窺えること。また、碑の背後に暗渠と

植栽図・③コナラ（手前）と⑤ネムノキ（奥）

植栽図・左から④コナラ①イヌシデ③コナラ⑤ネムノキ②クヌギ

昭和33年頃の独歩詩碑（武蔵野市提供）

なる前の玉川上水の堤の様子と三鷹駅のホームの様子が映っていること。さらに、ここで問題にしている植栽についてわずかだが知る手掛かりをも含んでいる貴重な写真であることが判る。白い塗料を塗り加えたような時期もあったようだが、現在のように刻そのままの方が遥かに美しいと思えた。現在では碑の前面向かって右側に大木になっている木々が、植樹されてまだ約八年、現在から数えると五十年前のものなので、まだ細く写っている。

ところで、植栽図を作成した平成二十二年五月では碑周辺の樹木で、建碑された頃から存在する樹木としては①から⑥が推定できる。しかし野田宇太郎の文中にあるヌルデはない。現在では少々弱っている木もあるので、年月が経つにつれ、枯れてしまった木もあるようである。

調査した時、⑤０８９９番のネムノキも弱って枯れかかっている樹木のひとつであった。平成二十三年十月、またここを訪れると、倒れると危険なので伐木されたばかりとのことであった。そこにまるで、切り口がマッシュルームのような形に朽ちた切り株があった。その年輪を数えてみると、切り口がゆがみ、はっきりとしない箇所をぬかしても五十五年は数えることができた。このネムノキは樹齢を教えてくれると同時に、建碑当時、もしくはその直後から植樹されていたものということを私に教えてくれたのである。

ツバキなど細く若い木は、武蔵野市で最近植樹したものという。まさに碑とこれら樹木は一体であり、この空間に国木田独歩の『武蔵野』の世界を盛り込んだ小宇宙を構成したのであった。

ネムノキの切り株

まとめ

戦後の文化的都市建設への意欲の表れのひとつであった独歩詩碑建立と独歩広場開設から約六十年の月日が過ぎようと

している。この石碑を語るときは、三鷹駅北口の歴史と共に、今では暗渠となって見えないが玉川上水沿いに建てられたものであるということを忘れてはならない。独歩は、甲武鉄道（今のＪＲ中央線）に乗車するたびに玉川上水と交差したこの地点を車窓から感慨深く眺めていたに違いない。

今では、建碑当時、細かった木々も立派に成長し大木となり、春には新芽と若葉が美しく、夏には暑い日差しをすっかり遮り碑の存在が一瞬判らなくなるほど葉が生い茂る。秋には黄葉した落ち葉で地面は何事もなかったかのように掩われ団栗が彩りを添える。冬には裸になった大木の枝の間から木漏れ日が差す。ここはまさに武蔵野の四季の景色を凝縮した空間である。

ところが、昭和四十年代のなか頃以後、この碑の周囲の環境悪化が話題になり新聞でも取り上げられるようになる。昭和六十年頃になると、それを心配した住民たちから、もっと緑の多い市内西久保の「野鳥の森公園」への詩碑移転請願がなされている。移動すべきかどうか武蔵野市議会文教委員会で審議の結果、昭和六十三年五月二十二日の採決で、現地でそのまま保存することに決したということである。「武蔵野新聞」（昭和六十三年五月二十五日号）に「独歩碑は移転せず」という見出しののちにこの記事が掲載されている。

この碑は、独歩顕彰のために建てられたものだが、武蔵野市のシンボルの一つとして、その後に建てられた北村西望作の平和像とともに自由と平和を祈りつつ静かにじっと北口の変遷を見守っている。

注

〔注1〕大正六年測量の地図。大日本帝国陸地測量部製「田無」部分。西東京市中央図書館蔵

〔注2〕㈱東京グリーンパーク。武蔵野文化都市建設株式会社が、昭和二十五年に改称した会社で、跡地の払い下げを受けて設立。松前重義社長。役員に武者小路実篤、徳川夢声なども名を連ねていたという。

〔注3〕独歩像のレリーフ。江戸東京博物館編、湯川説子・橋本由起子執筆『武蔵野文学散歩展・都市のとなりのユートピア』（平成十六年、東京都歴史文化財団刊）に掲載されている。

〔注4〕『『独歩吟』のことなど』武蔵野文化協会編『武蔵野』二三三号所収（昭和三十三年）

〔注5〕「書に就て」。社団法人出版梓会情報紙「出版ダイジェスト」書道美術特集号（昭和二十九年十月）掲載。また、二玄社編集部『書を語る2』採録（一九八八年）

〔注6〕追悼の文章。瀧井孝作「武者さんの絵と書など」『新潮』（一九七六年六月）

〔注7〕雑木林は、自然林と異なり、人間が生活するために植樹したり、木を切って薪にしたりを定期的に繰り返した林である。人里の人間と共生してきた林ともいえる。そのため、計画的に伐木しては、樹木を育ててきたという歴史がある。

第二章 国木田独歩・桜橋畔文学碑考

国木田独歩の「桜橋畔（さくらばしはん）文学碑」は、第一章で述べた「三鷹駅北口詩碑」よりも六年ほど経た昭和三十二年十月二十日に建てられたものである。独歩にとってまさに桜橋周辺は、とても思い出深く忘れ難い場所であった。それゆえ、ここは独歩の代表作『武蔵野』第六章中に登場する。

本章は、第一章「国木田独歩・三鷹駅北口詩碑考」を受けるものであり、刻された背景・碑石・書などについて明らかにしたものである。

一、桜橋の位置と桜橋畔文学碑建立まで

ＪＲ中央線三鷹駅の隣に、開業当時、境停車場といった武蔵境駅がある。この武蔵境駅北口

桜橋と玉川上水

から商店街を経てバス通りを北へまっすぐ七〇〇メートルほど行くと、玉川上水に架かる橋に着く。この橋が「桜橋」といい、この橋の北西側の土手のすぐ袂に「国木田独歩桜橋畔文学碑」が建つ。この「境停車場」および「桜橋」こそ、独歩自身が生前、最愛の人と胸をときめかして散策した場所であり、また絶望した時もなぜかここへ来て感傷に浸っていた場所でもあった。ここは「三鷹駅北口詩碑」から玉川上水沿いの散歩道を一・五キロほど上流に向かって歩いた所でもある。

武蔵野の地で最初の独歩碑を建てた場所が三鷹駅北口に決定した時は、いろいろな事情があったとはいえ、「独歩ゆかりの地・桜橋こそ建碑にふさわしい場所なのに

桜咲く春の独歩・桜橋畔文学碑
（平成23年4月）

第二章
国木田独歩・桜橋畔文学碑考

桜橋と武蔵境通り（旧・境新道）＊独歩文学碑は、中央の桜樹の下

……」と、独歩の研究者や愛好者のうちには、不満に思った者も少なからず存在していたようだ。その気持ちは、熱烈な独歩『武蔵野』愛好者ほど強かったようである。

独歩研究者のひとり、福田清人は、「文学」二九巻二号（昭和三十六年二月十日発行）所収の論考「武蔵野に出た独歩の祖先」のなかで、「戦後、武蔵野市ができた。原住民の農民と、ここに住宅をかまえたサラリーマンと、また工場街、商店街の人々の植民地的な地帯に、心のよりどころを独歩の詩的精神に求めようと、市当局はその一角の三鷹駅前に独歩詩碑を建てた」と三鷹駅北口に、武蔵野の地に最初の独歩文学碑を建てたことに対して冷

大正初期の境新道（西東京市中央図書館蔵）

めた見方で述べている。

「植民地的な地帯」という箇所は、言い過ぎと考える。また、名作といわれる文学作品を市民の心の拠り所としようと市つまり行政自らが働きかけるのは、文化都市建設への目覚めの一端であり、文化に対する意識が乏しい市町村が多いなかで、むしろすばらしいことと考える。武蔵野における二基めとなるこの桜橋畔における独歩文学碑の建碑は、独歩『武蔵野』愛好者にとってみれば、最もふさわしいと考える場所であり、念願の建碑であったのである。

ところで桜橋の架かる武蔵境と田無をほぼ直線で結ぶ道路は、明治時代になり甲武鉄道が敷かれた頃に造られた新道

（境新道と呼ばれた）である。写真は、大正初期のこの境新道を行く馬車を撮影したものであるが比較的整然とした一直線の砂利道であったようである。その道の建設と同時に明治時代に新たに架橋されたのが桜橋である。

独歩がここを訪れた頃はまだできて間もない新しい橋であった。昭和三十二年に桜橋の袂に桜橋畔独歩文学碑が建碑される十数年前までは、境駅からも遥かに遠望できるほどの、まさに桜橋の名にふさわしい一本の桜の老樹が立っていたという。橋名の由来はここからのようである。馬車の往来した砂利道であった新道に架けられた、木造の小さい桜橋は、時代と共に交通量も増し舗装され、次第に整備されるにしたがい、立派な橋に架け替えられている。

この桜の老樹は枯れてしまったのか、道路整備等何らかの理由で切られてしまったのか不明であるが、とにかく独歩文学碑建碑当時には、この桜の老樹は存在しなかったことは確かである。現在、建碑当時から五十五年が経過し、立派な桜の木が碑に向かって右側の傍らに立っているが、これは建碑時に改めて植樹された桜の木が大きく成長したものである。

二、《碑陽》に刻された碑文

独歩文学碑の碑陽と本文末

《碑陽》

今より三年前の夏のことであった。自分は或友と市中の寓居を出でゝ三崎町の停車場から境まで乗り、其處で下りて北へ眞直に四五丁ゆくと桜橋といふ小さな橋がある、

今より三年前の夏のことであった。自分は或友と市中の寓居を出で、三崎町の停車場から境まで乗り、其処で下りて北へ真直に四五丁ゆくと桜橋といふ小さな橋がある、

武蔵野第六章冒頭の一節

碑陽拓本

武蔵野第六章冒頭
　の一節

と小筆で揮毫された毛筆文字が刻されている。

　この碑の刻を見た時、次の二点に注目した。

〔A〕文末が「。」ではなく「、」

〔B〕「小さな橋がある、」から「武蔵野第六章冒頭……」までの行間が結構空けて書いてある。

　毛筆で文章や詩歌を揮毫する場合、句読点は打たないことが一般

的である。この慣例に従っていれば何も疑問を持つことはなかった。そのうえ、文末は「。」となるのが一般的だが、ここにはしっかりと文末に読点が打たれている。

Aについては、独歩の執筆した『武蔵野』の原文通りに「、」にして書者が揮毫していたことが判った。すると、この石碑の書は、なぜ途中で文章を切ってしまったのかという次なる疑問がわく。後半に続く文章をなぜ書かなかったのか考えてみたい。

まず、『武蔵野』本文中の上記に続く後半の文章を次に記す。

……それを渡ると一軒の掛茶屋がある、此茶屋の婆さんが自分に向て、「今時分、何にしに來たゞァ」と問ふた事があつた。

と、独歩の原文はここでようやく「。」となる。

後半を省略した理由として、

〔1〕「掛茶屋」も「此茶屋の婆さん」も、かつて実在のものや人物であったことへの配慮から。

〔2〕「それを渡ると一軒の掛茶屋がある」とあるが、この石碑を建てた位置そのものが、掛

桜橋の北側の玉川上水沿いの道・昭和 31 年 12 月
右側の繁みが玉川上水、左側が境浄水場（武蔵野市提供）

茶屋のあった「橋の北側」で橋を渡る必要がなかったから。

〔3〕桜橋畔にこの碑を建てるにあたって、前半の地名の記された箇所の文章のみを刻す方が効果的と考えた。

という三つのことが考えられよう。

〔1〕の人物については実在し、八十六歳まで長生きしたという。〔2〕の掛茶屋のあった位置については、最初、「桜橋北側の東」、つまり現在の浄水場正門あたりに農家を借りて営業していたといい、その後、その向かい側つまり、現在の大きなマンションやこの碑石のある位置周辺の「桜橋北側の西」に新築して移動し、昭和の初年頃まで営業していたとのことである。

次に「、」以後なぜ広く余白をとったかについてであるが、碑石の材質にも部分によって堅軟の材質の変化があり、刻すのに不適な部分を避けたとも考えられる。碑面を熟視すると、わず

桜橋の北側の玉川上水沿いの道（右側が玉川上水、左上が境浄水場・平成 23 年 4 月）

かにこの岩石特有と思われる班紋のような別質の箇所が一か所見受けられる。

しかし、私はこの余白部分は、後半に続く文章の分だけ、わざと意識して空けたものではないかと考える。この何も刻されていない空いた部分は、単なる省略ではなく、独歩の『武蔵野』を熟読した者のみが入れる異次元の世界であり「、」がその入り口への道標と考えたい。そうするとこの碑の刻文の持つ謎が解けるのではなかろうか。このような理由から、私は文末の「、」にとても奇妙な愛着を感じたのである。

三、碑陰について

次に文字の刻が見られるのが碑の裏側（碑陰）である。しかし現在、玉川上水の土手の鉄柵とこの碑石本体との間隔は、計ってみると六四センチと狭く、また、私が調査をしていた頃は、その隙間には葉蘭が茂っていたので、手で避けて上から覗き込むようにしないと碑陰の刻が見えない。葉蘭の葉を片手で除けて、じっとして刻の読みに集中しているとヤブ蚊がやってきた。碑の刻面に少々苔も生じていて、全文を読むのには甚だ苦労した。

剪定後の風景（平成 23 年秋）

　ところが、平成二十三年秋、碑の周囲の植木が剪定されたというお話を、碑の近隣にお住まいの方からお聞きした。

すぐに駆けつけてみると、本章冒頭の写真に見られる、桜橋から見えにくくなるまでのびていた植木の剪定が行なわれ、見違えるほど碑の周囲が明るくなっていた。いちめんに茂っていた

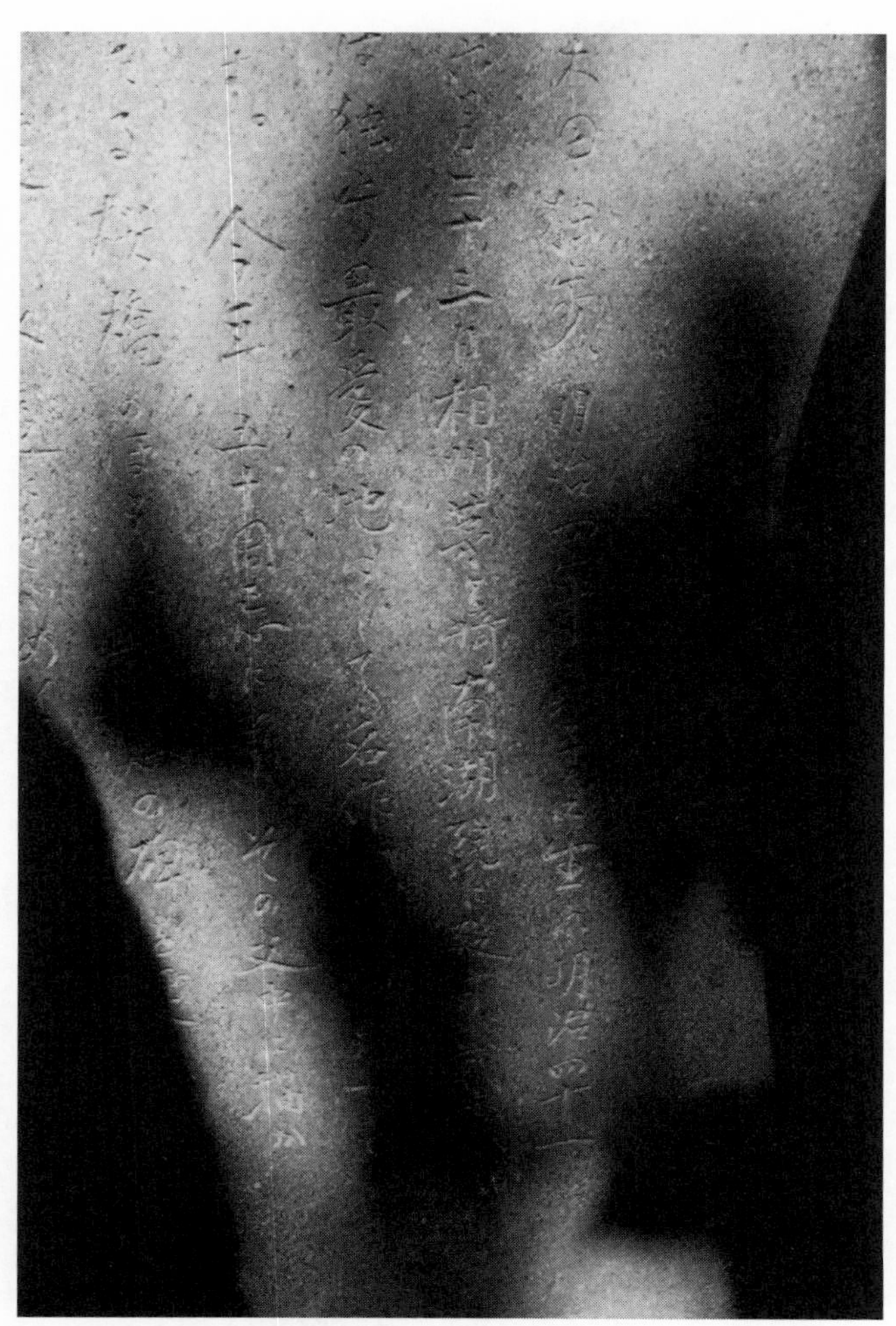

碑陰の刻と葉蘭の陰（剪定前）

葉蘭の葉も全部刈り込まれ、どの面の刻もよく見えるようになり、まさに建碑当時のようなすっきりとした姿を取りもどしたようであった。

《**碑陰**》

国木田独歩、明治四年銚子に生れ明治四十一年六月二十三日相州茅ヶ崎南湖院に歿す。武蔵野は独歩最愛の地にして名作「武蔵野」を遺す。今年五十周忌に当りその文中に描かれたる桜橋のほとりに記念の碑を建て、独歩の愛を永遠にとゞめんとす。

昭和三十二年十月二十日

世話人　柳田國男
望月清次
丹羽文雄
亀井勝一郎
撰文並に書　野田宇太郎

この銘刻により、当時の錚々(そうそう)たるメンバーで世話人が構成されているのが判る。

柳田國男（明治八年〜昭和三十七年）は、民俗学の開拓者であるが、若い頃、詩人松岡國男として活躍した頃は、独歩とともに詩集を出版した友人の一人であった。望月清次（明治二十五年〜昭和五十九年）は、武蔵野地域の文化発展に貢献した武蔵野新聞社の社主である。丹羽文雄（明治三十七年〜平成十七年）は小説家であり、亀井勝一郎（明治四十年〜昭和四十一年）は文芸評論家である。そして、撰文と碑身のメインの書を揮毫したのが第一章で述べた野田宇太郎（明治四十二年〜昭和五十九年）であったことが判る。

四、碑身の形と《碑陽下部》

碑身とは、碑石本体のことである。碑身は二段の台石の上に乗っている。一段目の台石が、高さ一七センチ、横一五五センチ、奥行き一二一・五センチ、二段目の台石が、高さ七センチ、横一〇〇センチ、奥行き六九センチである。その上に高さ六一センチ、横七六センチ、厚さ四五センチの碑身が乗っている。碑身の形は、今日では、霊園等に多く見られるようになった西洋風な碑形のいわゆるオルガン型というものである。石碑といえば根府川石や仙台石などの自然石が多かった江戸から昭和のなか頃までにおいて、この碑の建てられた昭和三十年代には、モダンで、洋風で人目を惹（ひ）くおしゃれな碑形として、珍しさもあり、人々の目に映ったものと思

碑陽下部（原刻）とその拓本

われる。その《碑陽下部》の一面に、ペンで書かれたものを拡大した「國木田独歩」という五文字が一行一字の縦書き（世間では右から左への昔の横書きという）で刻されている。

五、《碑陽下部》の「國木田独歩」について

《碑陽下部》に「國木田独歩」とペン字の文字を拡大して刻されているのは、碑陰に「撰文並に書　野田宇太郎」とあることから、野田宇太郎が独歩風に真似てペンで倣書したものかと最初思った。そのいちばんの理由が、「國」は旧字体だが、「独」が今日でいう新字体で刻されていたからである。旧字体と新字体を交ぜて文章を書くことはタブーとされているが、しかし氏名に限ってはそうとは言えない事例が多い。それは、姓は、祖先から受け継がれてきたものであり、旧字体で戸籍登録されている例が多いため、旧字体で書くことは当然といえば当然だが、その姓であっても若い親たちが我が子の名前を命名する時、今日一般的に使用されている字体（新字体）を用いて命名されている場合が多いからである。

「獨」は旧字体の正字体であり、「独」は「獨」の旁の「蜀」の部分を「虫」に簡略化したものだが、古来から異体字として、世間で広く用いられていた字体であったことが判った。さら

に独歩自筆の署名を集めてみると、「獨」ではなく、結構「独」字を用いている例が多いことに驚いた。

独歩の時代では、「独」は異体字だが、今日では堂々たる新字体の「正字体」である。独歩は、小説家として新しい文学を切り開いた先覚者であった。「独」字の漢字使用についても、本人は単なる略体として使用していただけかもしれないが、もし未来には正字となることを予見してあえて「独」の字形を拘って使用していたとすれば、この点でも時代の先覚的嗅覚があると考えずにはいられなかった。

独歩のいろいろな年代の自筆署名をさらに集め検討してみると、碑陽下部のペン字「國木田独歩」は、独歩自身の筆跡に書風の特徴が、非常によく似ていることが判明した。私は、いろいろな自筆署名の書風の特徴から、独歩自筆のペン書きの署名を拡大して刻したものではないかと推定して考えていたところ、この出典が判明したのである。このペン字「國木田独歩」の刻書は、国木田独歩が明治四十年十月九日に博文館編輯局・岩谷（正しくは巖谷）小波・田山花袋宛に書いたハガキにペンで記された「縦書き自署」の字形とまったく同一であることが判った。この署名を拡大し、横一列に並べ変え刻したものである。

左上の切手へ押印された消印は、「常陸湊　四十年十月十日　ロ便」、ハガキ下部に押印された消印は、「東京　四十年十月十一日　前0-5」となっている。

拝復　小生の病気は日々変化致し候間出席の程も確答致し兼候へ共、「出席」の分に加へ
置かれ度く御準備等も其のお含みにて願上候　　草々

十月九日　　國木田独歩

武蔵野新聞社社主望月清次とともに、編集発行人として「武蔵野新聞」を制作しておられた

はがき自筆署名（拡大）

桜橋畔文学碑の原刻写真

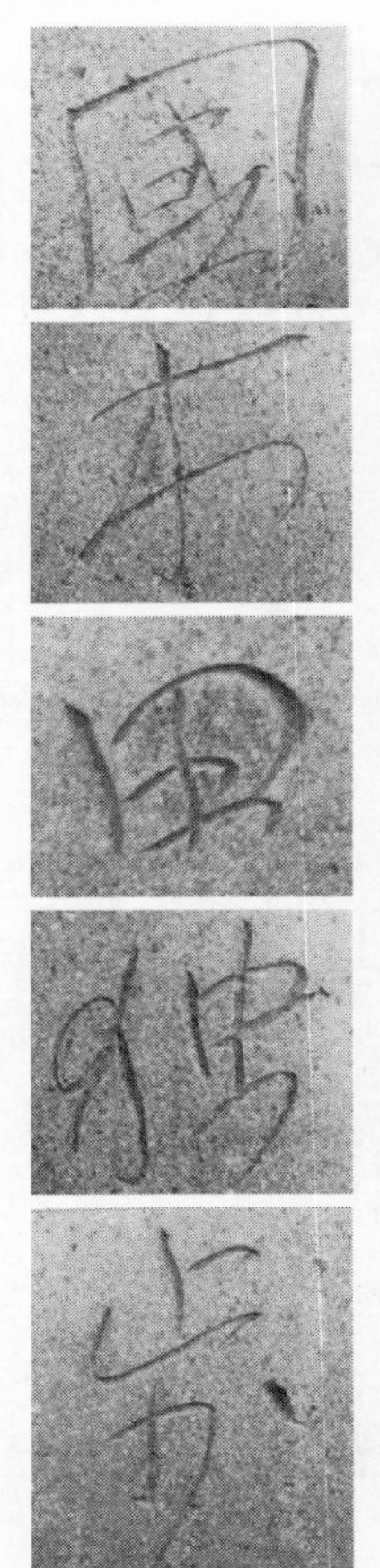

ご子息の望月芳武氏（大正十四年〜平成二十三年）にお目にかかることができた。芳武氏は、ジャーナリストとして活躍するとともにかつて独歩記念室を自ら作ったほどの熱烈な独歩愛好家である。独歩関係の収蔵品を見せていただいた時、この独歩のペン字のハガキ実物大コピーを見たのだが、このハガキの筆跡を見た時に、このことが判ったのである。

その後、調べていくうちにこのハガキは、学習研究社本『定本　國木田獨歩』第五巻・五二九ページに書簡二四七として本文のみが掲載され、その巻末一覧表に望月清次蔵と記されているものであることが判った。芳武氏から、独歩桜橋畔文学碑の除幕式当日の記念写真などを見せていただけたことがとてもうれしかった。

六、独歩自署とその背景・このハガキを書いた頃

このハガキが書かれた明治四十年十月は、独歩三十七歳の時で、亡くなる八か月前である。若くして亡くなった独歩晩年の書といえる。独歩はこの前年の明治三十九年十二月末頃から咽喉が痛み始め結核の兆候が始まった。明治四十年四月に独歩社が破産、四月二十三日東京府下西

大久保一三三番地の藁葺き屋根の貸家に転居した。現在の山手線新大久保駅の東側付近である。七月に大久保在住文士の懇親会「大久保会」を組織した。しかし八月二十六日に医師から咽頭カタル・肺尖カタルと診断され、転地療養を勧められて小杉未醒（みせい）（明治十四年〜昭和三十九年）に茨城県湊町牛久保の杉田別荘借用を依頼。独歩は九月三日に杉田別荘に入った。九月十日に熱は三十九度を越え食欲が減退、九月十九日になり熱はやや下降したが疲労甚だしかった。

独歩がこのハガキを書いたのは十月九日なので湊町で療養していた頃である。ハガキの文章からも独歩の病状の一端が窺われるが、病中ながら気分の良い日に記されたものと思われる。ハガキに記されたペンのタッチは病人とは思われないほど力強くしっかりした筆致である。そのことを裏付けるものとして十月九日には、もう一通の手紙を認（したた）めている。小杉未醒宛のものである。未醒は当時、独歩の主催する近時画報社において挿絵や漫画を描いて、その雑誌の人気を大いに高めた人である。洋画を専門としたが墨絵も得意とした。のちに号を放庵と改め、日本芸術院会員にもなっている。

拝啓御無沙汰仕候、其後はお変りも無御座候や、小生相変らずごろごろ致し熱が高いとか低いとか寝汗が出るとか出ないとか面白くないことばかり言ひながら日夜を送り居候、明十日好天気ならば小生丈け一寸帰郷仕る可く候十二日夜西園寺侯招待会に出席の為め也、但し熱があれば中止致す可く候、実は近頃東京が恋しく相成り崖の上の生活が少々退屈になりたる也、岩の上にも三年とか申せど海ばかり眺めて崖の上に一ト月以上も暮らすと浮世の縁が切れたる心地して仙風道骨の士ならざる限り忍び難く候……

しかし独歩は、十月十六日に帰京。（日程が変更されたのか実際には）十月十八日午後五時から開かれた西園寺侯（当時）招待の晩餐会に、幸田露伴・内田魯庵・巌谷小波・徳田秋声・川上眉山・泉鏡花・田山花袋などとともに出席している。十月二十一日の独歩の杉田恭助宛書簡によると前後、東京での諸々の会に出席したようである。この望月清次所蔵の独歩のハガキは、西園寺侯招待の晩餐会もしくはこの時期に東京で催された会への出席の返事であったことが判る。

独歩は、十月二十五日湊町へ帰り、十一月四日湊町の別荘を引き上げ、東京大久保の家に帰京するのだが、国木田治子によると、独歩は病気でも執筆しなければ一家を支えることができなかったので、熱の出ない時を見計らって執筆していた。明治四十一年元旦発行の「中央公論」に掲載された「竹の木戸」などは、原稿の締切に間に合わないというので一晩徹夜して書いたと、「婦人世界」四巻九号（明治四十二年八月一日発行）の「肺病に罹りし良人を看護したる当時」のなかで述べている。無理をしたのでいっそう発熱するようになり病状の悪化に苦しんだという。

その後明治四十一年二月四日、神奈川県茅ケ崎の南湖院に入院し、六月二十三日についに帰らぬ人となったのであった。

ススキが茂り滔々と流れる玉川上水の写真が第一面に大きく掲載されている、「武蔵野新聞」第一九一号（昭和三十二年十月二十日）「国木田独歩五十周碑建設記念号」の内側のページに、第五節で述べたハガキの実物写真が小さく掲載されていたことが、のちの調査で判明した。

七、碑側右と碑側左

さらによく見ないと、見過ごしてしまうのが、碑側（ひそく）（碑の側面）右側と碑側左側の刻である。一見してみると、どちらの面も何も刻されていないように見えるからである。

各面の下部の隅にどちらも小筆文字で、小さく刻されている。

《碑側右の右下》　武蔵野新聞七周年を記して
　　　　　　　　　責任者　望月清次

《碑側左の左下》　刻字　豊後悦太郎　深沢悦三

この地に碑を建立することを提唱したのは、第五節で述べた武蔵野新聞社社主で武蔵野保存会の代表でもあった望月清次であった。望月社主は、根津美術館を建てた初代の根津嘉一郎の個人秘書としても活躍し、骨董関係の目利きに優れた人であったという。「武蔵野新聞」は、昭和二十五年創刊である（平成元年三月二十五日発行の第七九六号以降休刊）。

武蔵野保存会は武蔵野新聞社を窓口にこの地を愛する文化人が集い、武蔵野を保存することなどを目的としてできた。顧問が津田左右吉、委員に大賀一郎、野田宇太郎などが名を連ねていたという。その一環としてこの石碑が建立されることになったのである。

また、独歩没後五十年と、武蔵野新聞社設立七周年を併せて記念する意味もあったことが判る。石碑の後ろに刻されている柳田國男、丹羽文雄、亀井勝一郎、野田宇太郎、望月清次以外に、荒井源吉武蔵野市長、そして地元の団体や多く人々の協力があったという。「武蔵野新聞」第一九〇号（昭和三十二年十月五日）には、「独歩五十周年記念碑建設寄付者芳名」が掲載されている。そのなかに「武蔵野女子学院一同金壱万参千円」という記述も見えた。

碑側右の右下に刻された原刻（写真）と拓本を比較してみた。原刻は控えめの浅い刻でよく見えないが、採拓してみると、まるで銅板に刻された銘刻を見るような品位のある細味のある線がくっきりと浮き出してきた。

碑側右の右下と
その拓本

本文の刻面（部分）

この碑を刻したのが豊後悦太郎と深沢悦三という二名の石工であった。刻は、筆圧の強弱に合わせて深浅にV字の形に刻されている。いわゆる薬研彫りの一種である。

早稲田大学文学碑と拓本の会『国木田独歩の文学碑』によると、

「設計デザインは、提唱者望月氏に請われるままに野田氏が即興的に示した設計が原型となった。また、それが機となって撰文と揮毫も氏の手に委ねられた。氏は、明治三十年四月出版のアンソロジー『抒情詩』以来独歩と親友であった柳田國男に揮毫を頼む意向であった。しかし当の柳田より『時代が変わったのだから、その揮毫は、野田君がするように』という、望月氏を通しての正式な伝言があり、氏が引き受けることになった」という。また、ここにはこの石碑の石材名として「山梨県産桜井石」と記されている。

八、碑石の石材名について

今、石材名は「山梨県産桜井石」と記したが、小坂立夫は「厚さ一尺五寸六面体の山梨産桜石の磨きである」と記している。山梨県産という記述は同じでも岩石名が「桜井石」と「桜石」と異なっている。片方は誤植かと思いつつ調べてみた。すると、結論から言えば、桜井石の方

山崎石採石場

が近いが、正しくは、「山崎石」。正式な岩石名は「輝石安山岩」ということが判った。この経緯についてこれから少し触れたい。

まず、国会図書館へ行き、詳細な『石材の事典』など〔注1〕を調べた。すると「桜井石」は、富山県黒部市（旧桜井村）で産出する凝灰岩、砂岩。「桜石」は、京都の方で産出する桜の模様のような結晶の見られる岩石であることが判った。全体が淡い灰色で光沢のある桜橋独歩碑を見ると、石の名前からの検索ではどちらの石も当てはまらない。そして山梨県からは、「桜井石」も「桜石」も、現在こういう名前で産出している岩石はないことが判った。そこで、今度は「山梨県産」

という記述に注目して探すと次のような記述を見つけた。

山崎石　甲府市酒折町山崎、甲府市桜井町、甲府市片山一帯　輝石安山岩

山崎石採石場

「山崎石」の項目のなかに「甲府市桜井町」という地名がある。山崎石の歴史は古く、天平時代から石材を切り出しているという。その時、もしかすると岩石名ではなく「産出した場所の地名」による別称ではないかと想定した。やはり現地調査が必要と考え、山梨県甲府市へ行ってみた。

甲府駅の東京寄り隣に酒折駅がある。現代は便利になったもので、事前にインターネットの衛星画像（航空写真）で調べてみると、この駅の北側の山の一角に石切り場らしき場所があることが判った。そこで取りあえず、あたりを付けた場所までタクシーに乗せてもらうことにした。入口がちょっとした坂で自動車で上るのに少々苦労したが、到着するとまさしくそこは採石場であり、そばに切り出した加工前の大きな石材がたくさん横積みされていた。同じ敷地内に石の加工場もあった。社長さんにお目にかかり、山崎石の磨いたものを見せていただくと、桜橋の独歩碑とまさしく同じ、光沢のある淡灰色で黒雲母が散在している石肌であった。

しかし、まだ何となく「桜井」の名前が気になったので、桜井町まで行ってみることとした。六月とはいえども日差しの強い日で、汗だくだくとなりながら、数キロにわたる、「雁坂みち」という雁坂峠まで続く道路に沿って、横根町を経て桜井町に至る道のりを歩いて行くと、道端に横根町と桜井町周辺の史跡等が記された大きな案内図〔注2〕を見つけた。かなり昔に掲げられたと見られ、ペンキが風化して看板自体が白っぽく変色し、撤去されていないのが不思議なく

甲府市桜井町の山崖（採石場跡）

らい年代を経たものだったが、何気なく見ると、何とこの周辺にまだ何か所もの石切り場があることが示されているものだった。内容からしてこの案内図は、約三十年は経過しているらしいものであった。

この古い案内図をもとに、さらに桜井町内の石切り場らしき方面へ歩いて行ってみたが、山の崖の岩肌が草木に覆われていてほとんど判らなかった。しかし、かつてはそうだったろうなあと思われるような、小高い山の岩壁が目に入った。さっそく、その麓の畑で農作業をしていた農家の方に尋ねると、まさしく、かつて採石場だった場所であると教えてくださった。

桜井の交差点のそばに石屋さんがあることが判ったので、訪問してお話を伺うことにした。このお店でも昭和四十年代頃までは、実際に今見てきた位置の山から石を切り出していたと、当時のアルバム写真を見せてくださった。しかし今は草木で掩（おお）われてしまっているという。当時は、採石にダイナマイトも使用したとのことで、仕事場にそれがあったというお話を懐かしそうに語ってくださった。しかし周辺に家がしだいに建ち始め、採石を止めざるを得なかったそうである。

かつて桜井町から採れた石は「桜井石」といって販売されたこともあるかどうか、この点がいちばん知りたかったが、このお店では昔から山崎石といっていたとのことで、この件については判らなかった。独歩文学碑ができた頃は、まだこの地方では採石が盛んであった。その頃には、先に見た看板の通り、何件か採石場があったとのことである。よく考えてみると、「山崎」だってもとは地名である。かつてそのうちのどこかの店で用いられた可能性があったのではないかと考える。

九、碑の周囲と除幕式

B5判の藁半紙に謄写版印刷された「武蔵野独歩碑除幕式次第」が江戸東京博物館に収蔵されている。これには、

一、会開(ママ)の挨拶
一、除幕
一、『武蔵野』の一節朗読（NHK）篠田アナウンサー録音
一、主催者代表挨拶（経過報告並ニ会計報告）
一、委員代表挨拶（野田宇太郎先生）
一、来賓祝辞
一、献花
一、設計者並ニ石工者へ感謝状贈呈
一、独歩未亡人挨拶
一、閉会
　　×　　×
一、別席小宴（小宴中文学談話）
一、むさしの万歳

除幕式後の記念写真（望月氏蔵）

一、浄水場自由見学

以上

と記されている。

「武蔵野新聞」第一九二号（昭和三十二年十月二十五日）には、「独歩碑除幕式」当日の様子が詳しく記されている。これを見たところ当日は、この次第の三番め、『武蔵野』の朗読者は、独歩の孫にあたる国木田篤夫に変更になったようである。

十月二十七日午後一時から桜橋の畔に於て盛大に行れた。境駅より西武バスの特別な折り返しバス六便。秋本利義境駅前商店会長開会あいさつ。国木田篤夫（俳優三田隆）さんと柴田みさ子さんに付き添われた曾孫の吾子ちゃん（二歳）の手によって劇的な除幕が行われた。『武蔵野』第六章の一節が、国木田篤夫さんによって朗読され、主催者本社望月社主挨拶。委員代表野田宇太郎氏挨拶。独歩研究家坂本浩教授や秋本太平信用金庫理事長、武蔵野市長、高橋市議会議長の挨拶があって献花式に移った。

と記されている。献花は、武蔵野のススキや野菊であった。碑の設計者野田宇太郎・石工者深沢悦三・豊後悦太郎に社主から感謝状と記念品が贈呈された。治子未亡人の挨拶のあと、浄水場前の広場で小宴が催されたという。この時、作家や一般の人々の他に、武蔵野女子短期大学、東京女子大、日本女子大、成城大の文学部等の学生たちも参列したという。写真は、望月芳武氏撮影による除幕式当日の記念撮影である。

十、独歩と桜橋

さて、ここで独歩と桜橋について述べようと思う。独歩の日記は、『欺かざるの記』として刊行されている。その明治二十八年八月十一日の日記を抄録する。ここでは旧字体の漢字は新字体に改めて表記した。

《明治二十八年八月十一日》

十一日。

日曜日。

記憶して忘るゝ能はざる日なり。

本日午前七時過ぎ、信嬢来る。前日嬢と共に約するに一日の郊外閑遊を以てす。之れ寧ろ、嬢より申出でたるなり。余之れを諾したり。

而して、之れ互に或る目的を有したる也。嬢は此日を以て其心中の恋愛を明言し、余が決心を聞かんことを欲したる也。余も亦た此日を以て余が嬢に注く恋情を直言し嬢の明答を得て、苦悶を軽ふせんと欲したる也。

互に黙契したる此の閑遊は遂に今日実行を見るに至りぬ。されど勿論之れ秘々密々の事。嬢と共に車を飛ばして三崎町なる飯田町停車場に至る。着する時恰かも汽車発せんとする時なり。

直ちに「国分寺」までの切符を求めて乗車す。

「欺かざるの記」後編
（武蔵野大学武蔵野文学館所蔵）

「国分寺」に下車して、直ちに車を雇ひ、小金井に至る。小金井の橋畔に下車して、流に沿ふて下る。

堤上寂漠、人影なし。たゞ農家の婦、童子、等を見るのみ。これも極めてまれなり。

吾等二人、愈々行きて愈々人影まれなる処に至り、互に腕を組んで歩む。

《中略》

遂に桜橋に至る。

橋畔に茶屋あり。老媼老翁二人すむ。之に休息して後、境停車場の道に向ひぬ。

橋を渡り数十歩。家あり、右に折るゝ路あり。此の路は林を貫て通ずる也。

直ちに吾等此の路に入る。

林を貫て、相擁して歩む。恋の夢路！　余が心に哀感みちぬ。嬢に向て曰く。吾等も何時か彼の老夫婦の如かるべし。若き恋の夢もしばしならんのみと。

更らにこみちに入りぬ。計らず淋ひしき墓地に達す。古墳十数基。幽草のうちに没するを見る。

吾れ曰く。吾等亦た然るべし。と、

更らに林間に入り、新聞紙を布て坐し、腕をくみて語る、若き恋の夢！

嬢は乙女の恋の香に醒(よ)ひ殆んど小児の如くになりぬ。吾に其の優しき顔を重げにもたせかけ、吾れ何を語るも只だ然り〳〵と答ふるのみ。

日光、緑葉にくだけ、涼風林樹の間より吹き来る。回顧。寂又た寂。吾曰く、林は人間の祖先の家なりき。今は人、都会をつくりぬ。吾等は今ま自然児として此のうちに自由なるべしと。

《中略》

林を去るに望み、木葉数枚をちぎり、記念となして携へ帰りぬ。

境停車場にて乗車す。中等室、吾等二人のみ。不思議に数停車場遂に一人の吾等の室に来るものなし。


以上がいろいろな文学書にもよく引用される箇所であるが、独歩は、のちに結婚する最愛の女性・佐々城信子と国分寺駅を下車し、小金井橋から玉川上水に沿って桜橋まで散策し、林間を経て武蔵境駅から乗車して帰宅している。

二人はこの日から約二週間後の八月二十四日に再び、桜橋周辺を訪れている。今度は武蔵境駅から下車し、日記では小金井近傍とあるが、実際には桜橋近辺の林のなかへ直行している。「停車場より五六丁」という表現が、『武蔵野』本文中の表現と似ている。

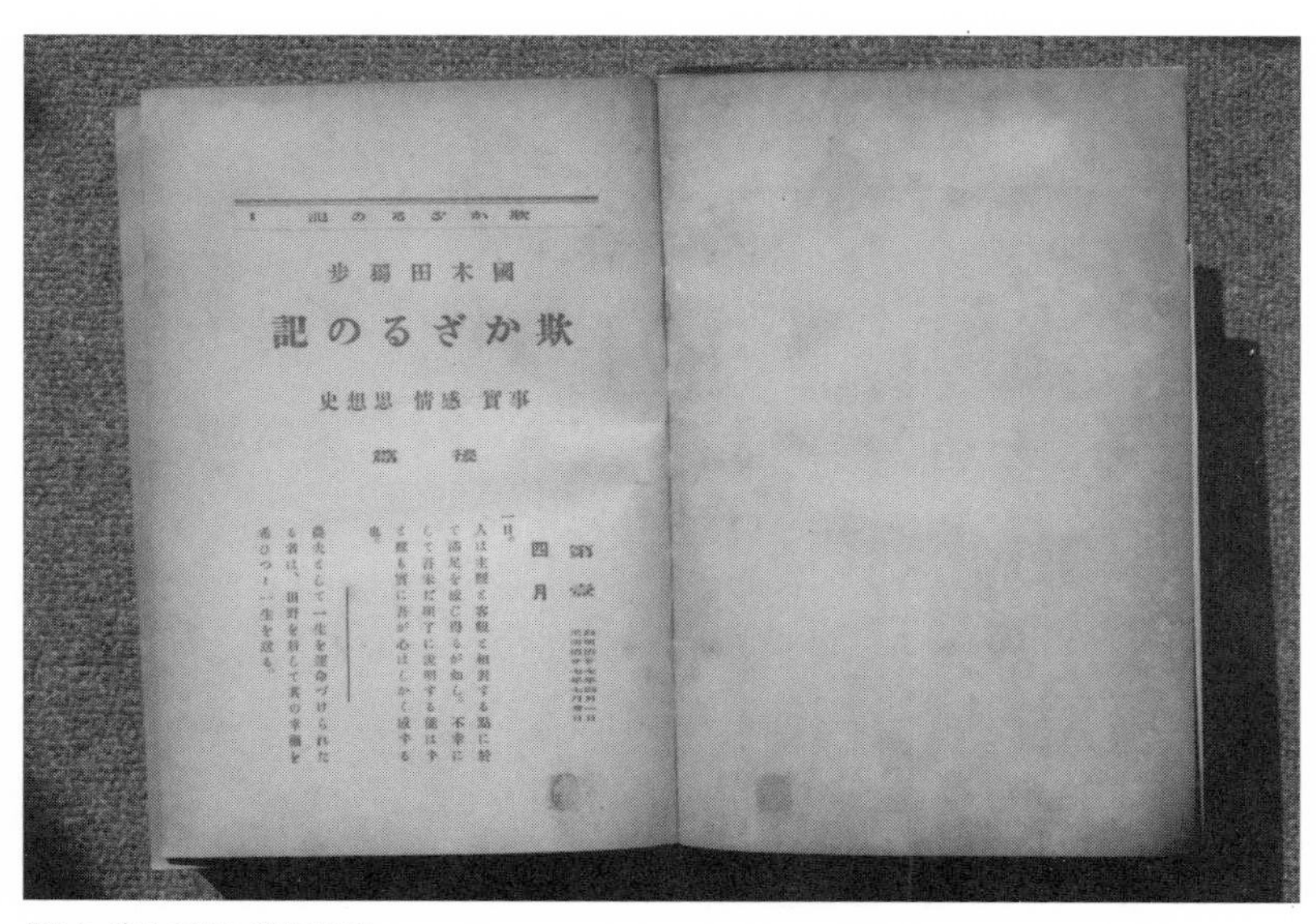

欺かざるの記　1

國木田獨歩

欺かざるの記

事實 感情 思想史

後篇

第壹

四月

「欺かざるの記」後編冒頭

《八月二十四日》（二十六日夜記より）

二十四日の朝（土曜日）、午前九時、孃吾を訪ひぬ。《中略》約し置きたる郊遊を行はんとて孃は来りしなり。われ直ちに諾して、再び先きの小金井近傍の林を訪ふことに定め、車を駆りて飯田町停車場に至る、汽車発程の時間は十一時四十分とあり、それまでに中食を了はりぬ。

此のたびは境停車場に下車したり。彼の林まで、停車場より五六丁に過ぎず。

吾等林に入る前に梨数個を求め、之れを携へて例の楽しき林間の幽路に入りたり。

同書挿入写真（小金井の里）明治時代の小金井の堤・玉川上水

嬢と並びて路傍に腰かけ、梨を食ひしも、梨甘からず。止めたり。

接吻又た接吻、唱歌、低語、漫歩、幽径、古墳、野花、清風、緑光、蝉声、樹声、而して接吻又た接吻。

午後三時十二分発の汽車にて帰路につきぬ。


独歩の死後間もなくして、この日記『欺かざるの記』の前篇が明治四十一年十月十五日に、後篇が明治四十二年一月五日に佐久良書房・隆文館から共同出版されている。『欺かざるの記』とは敬虔なクリスチャンの告白の記録を意味するが、ここに示した日記の内容は自由恋愛を謳歌しているものである。現代では恋人同士

独歩の森（境山野緑地）

が自由にデートするのは当たり前で、これくらいの表現では何ともないが、まだ封建的な家族道徳の風潮が残る明治時代には、一般的な世間の人々の目には少々どころか大いに過激に映ったに違いない。

神崎清は、『国木田独歩全集』第五巻「月報」（昭和四十一年六月）所収の「獨歩公園によせて」のなかでこの林について「獨歩のリードのもとに若い二人が戀愛行動の新しいタイプを創造し、日本の近代戀愛史を大きく回轉させる重要なラブ・シーンを演じていたわけである。という意味でこの記念すべき雑木林の一角は、清純で自由な戀愛のメッカとして永久に記憶される價値があるであろう」と述べている。時々、文中に、キーワード

独歩住居跡（東京渋谷）離婚後の明治 29 ～ 30 年に弟の収二とともに住む。ここで記した「欺かざるの記」がもととなり、名作『武蔵野』が誕生する。

のような語句が羅列されているのを特徴としている。

次に独歩が桜橋近郊を訪れるのは次の年の四月二十四日である。信子の両親の反対を押し切って結ばれた二人であったが、早くも結婚約五か月で破局を迎えた。妻の信子に会い離婚の意志を確かめたのが四月二十三日、離婚を決し通知書を認め徳富に渡したのが二十四日の午前であり、桜橋行きは、その日の午後の出来事である。今度は弟の収二が同行している。

《明治二十九年四月二十四日》

（二十五日の日記から）

午後、収二を伴ふて小金井の桜堤に遊ぶ。途中にて大久保に下車し、つゝじ園等を散歩す。小学校の運動会などあり。

新緑もえん許りの郊外の風光は却て吾が心に無限の感傷を加へぬ。境の停車場に下車し、昨年信子と夫婦永劫のちぎりを約したる林に到り、収二に去年の事を物語れり。信子と共に紙を布きて憩ひたる林、今は悉く伐木せられしを見る。

松柏も一年立(ママ)たぬ中に変じて薪となり、夫婦永劫のちぎりも一年ならずして一片回顧の情となる。

桜堤をさかのぼりて里余にして帰路につきぬ。

林頭已に月色の淡きあり。浮雲変幻、日光出でゝまた歿しぬ。

帰宅せしは八時近かりき。


思い出深い桜橋周辺の林間は、今度は、最愛の信子の失踪を経て離婚という絶望の真ん中での訪問であった。独歩にとって思い出の林がまさか伐木されていたとは思いもよらず恋の終わりが林の伐木にも連鎖していて、独歩傷心の気持ちは癒されるどころかいっそう深まったのであった。

しかし、東日本の人里の雑木林は、主としてクヌギやカシなどの落葉広葉樹を植え、約七年から二十年を経て成長すると根元を残して順次計画的に伐採して、切り株から出た芽を大切にして育てていくことの繰り返しによって維持されていた。この切り株からの芽を大切に育てていく方法の利点は、苗木から育てるより、早く成長し大きくなるという点にある。マキを大量に必要とした時代にとても重宝した方法であった。また、このサイクルが雑木林の再生と人および動植物との共存共栄関係の調和を図るのにも有効であったことを付け加えておく。つまり雑木林の伐木は、雑木林の破壊と考えてはいけないのである。

野田宇太郎は、「夏の武蔵野の林の中で燃えた独歩と信子の至純な恋愛の焔は永遠に美しい。だからこそ、独歩は信子への怨念を超えて『武蔵野』を書き得たのである」と記している。

十一、幻の独歩碑との共通点

今、武蔵野市に建つ二つの独歩碑を建てるはるか前の大正二年（一九一三）に、武蔵野の地に独歩碑建立を目指した人々があったことが調査を進めていくうえで判った。大正二年四月二十七日の「読売新聞」の「●武蔵野に獨歩の碑　△來る六月の命日迄に建設」という記事である。「生前氏が最も愛好して屢々(しばしば)其の作中に用ゐし武藏野の一角に大理石の記念碑を建てんとする計畫がある。この擧は尤も氏と親交の深かった小杉未醒氏が專ら任に當り其意匠設計を擔任して居たが、未醒氏洋行後は中澤臨川、吉江孤雁の兩氏が主として製作及び建設のことに従って居る」とある。水戸産の大理石でその基部の周りは二尺五寸四方、高さは、台石とも三尺五寸、いわゆる尖塔形のもので、経費は中澤・吉江のほか田山花袋、戸川秋骨、片上伸らが出資することとなり、水戸の石屋において製作中であり、多摩川の溝口（みぞのくち）などが候補地で、五月四日に、吉祥寺駅周辺を探訪する予定と記されている。

今ここになぜ幻の独歩碑について述べたかというと、次のところに今回の独歩文学碑との類似点が見られるからである。

「碑面には獨歩氏が曾て小杉未醒氏に送った書簡に署せる筆跡を擴大し單に『國木田獨歩』の五字を刻し裏面にはその死没年と碑建設の年月を記すことに決定してゐる、遲くても六月二十三日の祥月命日までに完成せしめる筈だ」とある。しかし結果的に、ここまで新聞報道されながら碑の建設はなぜか幻となったのである。

さらに、田山・中澤・吉江とともにこの建碑に携わったという作家・前田晁は、「武蔵野新聞」第一九一号（昭和三十二年十月二十日）掲載の「なつかしい思い出」のなかで、「建碑を企て、広く世間にも発表したのですが不運にも有終の美を見ないでしまったことをついでに申し上げたい気がします」と言い、「井之頭公園へ行って弁天池のさきの高みにある寺の参道左わきにまるで私たちのためにとっておいてくれでもしたような屈強な一画を見つけました。『ここがいい』『ここにしよう』とたちまち私たちの意見は一致してさっそく住職に面談、懇願して承諾を得ました。それなのに建碑は実現しませんでした。当然の理由があったはずでしたがなにしろ四十五六年前のことですので中澤・田山・吉江の三氏はつぎつぎに故人になってしまい私の記憶も衰えて朦朧としています」と記している。建碑を断念した理由については不詳であるが、これらの記述により、幻の独歩碑と、桜橋畔独歩碑の間に次の共通点のあることが判明した。

〔1〕「國木田独歩」の五文字を、書簡に書かれた署名の文字を拡大して刻す

〔2〕碑の裏面に没年月と建碑年月を刻す

ということは、大正二年に果たせなかった幻の独歩碑建立企画時の精神を受け継ぎ、それを今回の碑の建立に際し、一部取り入れようとした意図もあったのではないかと考えられる。

十二、書について

野田宇太郎のこの碑刻毛筆文字は、行書を主体とし一部分に草書を交えた穏やかな感じ

野田宇太郎・桜橋文学碑の書の特徴

①空間の粗密をつけた構えの大きい漢字

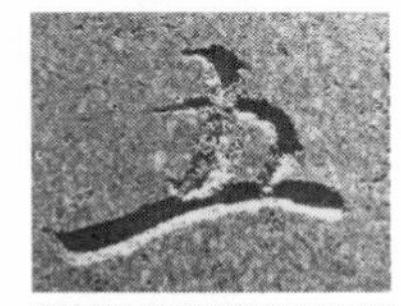

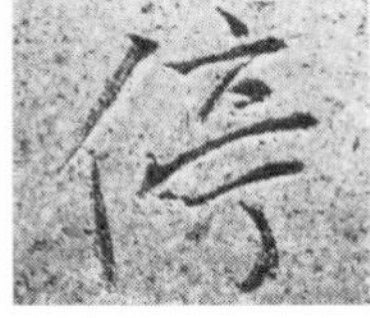

②痩せた瀟洒な漢字

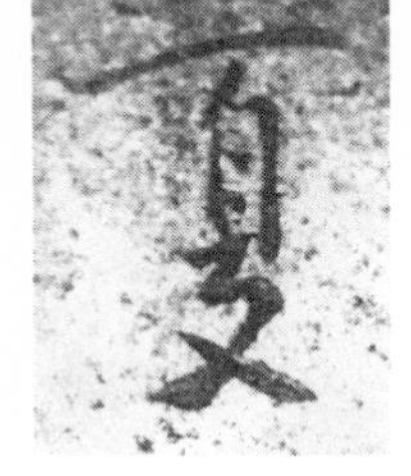

③空間をゆったりさせた漢字

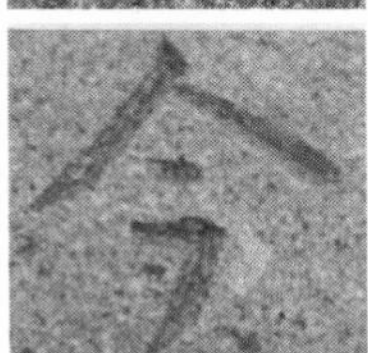

④筆力の強い漢字

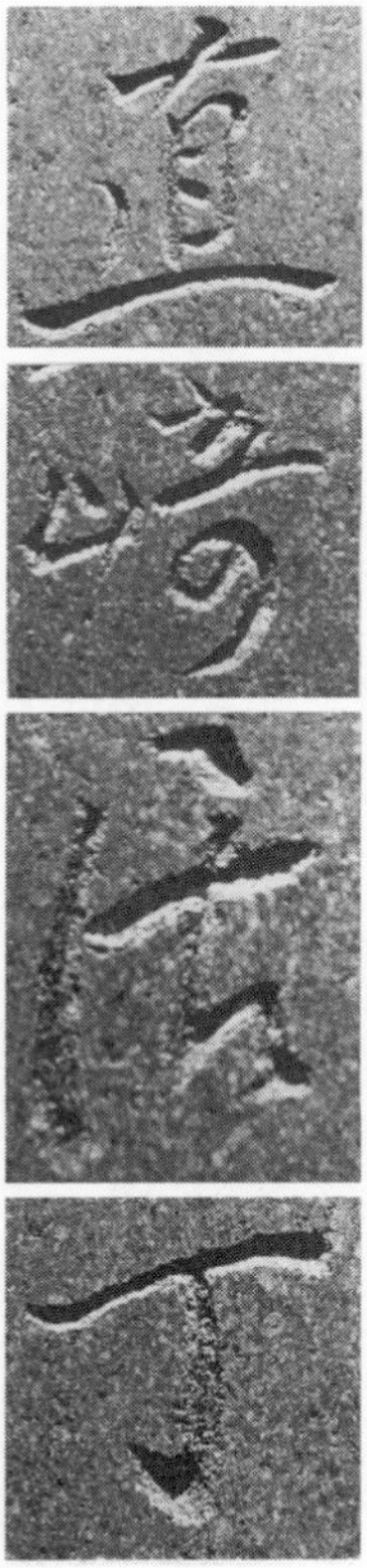

⑤その他特徴的な漢字

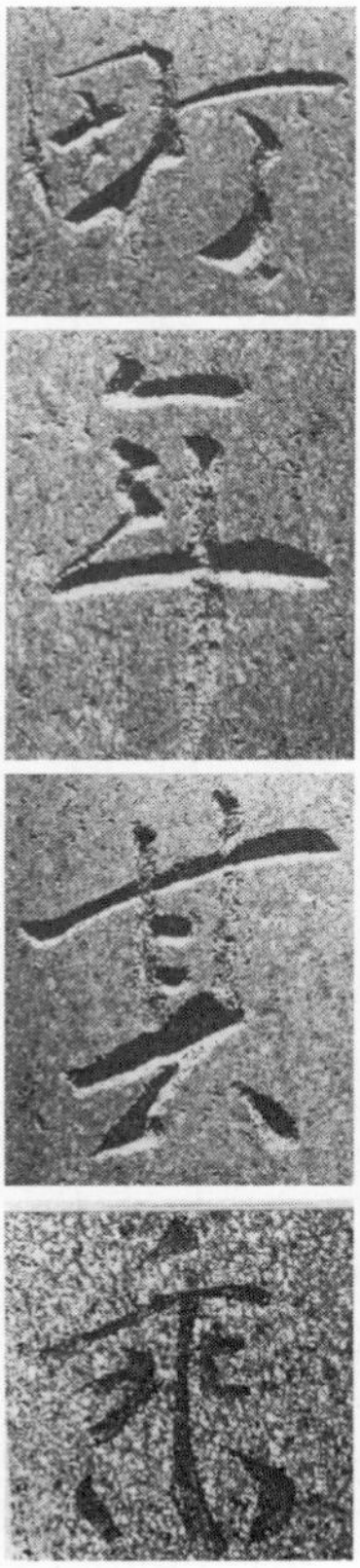

⑥特徴的な平仮名

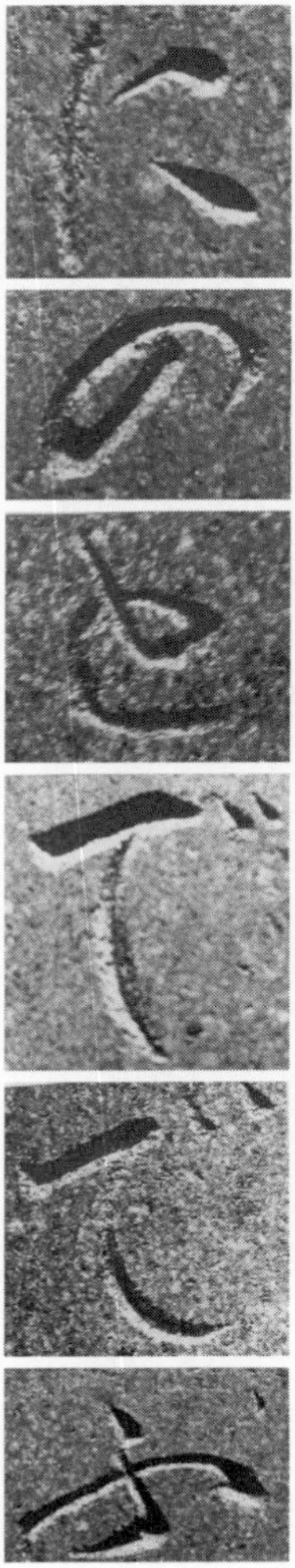

の文人的な書風である。漢字を大きく仮名を少し小さめに書いた典型的な漢字仮名交じりの書といえよう。〔1〕空間の粗密をつけた構えの大きい漢字、〔2〕痩せた瀟洒な漢字、

〔3〕空間をゆったりとさせた漢字に大きく分類でき、古典の漢字になぞらえると〔A〕唐太宗(とうたいそう)のようなふところの広い漢字、〔B〕米芾(べいふつ)のような筆力の強い漢字にも分類できる。平仮名については、巻菱湖(まきりょうこ)風な書であり、「て」の収筆を長く伸ばすことを特徴としている。

まとめ

三鷹駅北口広場の独歩碑の周囲は、雑木林の雰囲気をイメージして建てられたが、ここ桜橋の独歩碑の周囲は、西洋的な碑石の形式から、周囲は、桜の木を添えた庭園風に造園された。小坂立夫は「三鷹広場の碑の荒けずりの粗朴な自然石に対しこれはまことにすっきりとした気のきいた新味のある設計である。只碑を囲む庭園風の植込はなくもがなの感がする。こゝは、ツツジ、ススキなどのこの辺にあるものをあるがまゝの形で自然に配した方がよいのではないだろうか」と述べている〔注3〕。碑石を設置して間もない造成中の風景掲載写真は、武蔵野市提供によるものである。背後に昔の桜橋も写っている。この頃に撮影された写真〔注4〕を見ると、石碑の後ろに玉川上水の柵はまだなく、丸く刈り込んだ低木の植え込みが碑の後ろや側面等にいくつか写っていて開放的な空間がある。そして人の背の高さばかりの細い桜の木が見える。碑

碑石を設置して間もない造成中の頃
（武蔵野市提供）

の裏側や両側面の刻された文字が離れた場所からもよく見える。

除幕式当日には本章第九節の写真より竹柵が設けられていることが判る。さらに碑の後ろ等に竹柵がしっかりと写っている昭和四十年ごろの写真〔注5〕を見ることができた。どちらも共通することは、碑身の後ろの部分が最低でも一メートル半は空いていて開放的であり、碑側両側もある程度空き、どの刻面もよく見えていることである。

ところが今日では、碑の後ろには玉川上水の鉄柵が迫り、昔の写真に見る建碑当時の碑の周囲の空間と現在の空間を比較するとなぜかとても狭く感じられる。そこで、橋の長さと幅員を調べてみることにした。平成十一年に掛け替えられた現在の橋長は、一二・〇メートル、幅員は一六・八メートルである。ところがその前の橋、つまりこの碑が建てられた頃の橋（昭和六年一月に建造）は、橋長六・三メートル、幅員八・一メートルであったことが判った。また、現在の白御影石製の橋の欄干にも「昭和六年一月成」の文字が刻まれているが、これは旧橋の欄干の四隅の柱の部分のみを生かし、洗碑つまり碑の表面の石肌に磨きを掛けて新品のようにしてから、新しい橋を造る時に再利用したものであることが判った。

碑の周囲の空間が減った理由について考えられることは、

〔1〕境と田無を結ぶ道（桜橋が架橋されている）の交通量が増え幹線道路となったのに伴

い桜橋の橋長と幅員が大きくなったこと。（これによって碑の左側の空間が減じた）
〔2〕玉川上水沿いの道も遊歩道と車道に整備され、道幅が広くなったこと。（これによって碑の前側の空間が減じた）
〔3〕近隣の玉川上水全体に共通する鉄柵の設置。（これによって碑の後ろ側の空間が減じた）
〔4〕桜の木の巨木化。（これによって碑の右側の空間が減じた）
〔5〕葉蘭の繁茂による。（ただし、平成二十三年夏まで）

以上の五点に起因すると思われる。

注

〔注1〕『石材の事典』など。参考文献中に記載。
〔注2〕大きな案内図。「横根・桜井積石塚古墳群案内図」甲府市教育委員会。
〔注3〕昭和三十三年二月発行「武蔵野」二三三号所収の小坂立夫「武蔵野の文学碑を訪ねて」による。
〔注4〕この頃に撮影された写真。武蔵野市所蔵の写真及び「武蔵野新聞」第一九一号（昭和三十二年十月二十日）掲載の写真。
〔注5〕昭和四十年ごろの写真。武蔵野市民版『武蔵野』に掲載（野田宇太郎撮影）。

第三章
松本訓導殉難碑考

前章では、国木田独歩の文学碑について述べたが、本章では、格式を重んじたいわゆる典型的な碑の形式を整えたものについて述べたい。

今回ここに取り上げたのが「松本訓導殉難碑」である。この碑は、碑名の如く弔意を表したものであり、碑石の前に供物を置く台のような横長の石が置かれている。人の背丈ほど盛り土をした、まさに塚の頂部に築いた祭壇の上に鎮座しているという感じである。井の頭公園内西側の鬱蒼と茂った雑木林（武蔵野市御殿山）の一角に建つこの碑の後ろには、玉川上水が現在では何事もなかったかのように、茂みのなかを浅く静かにゆっくりと流れている。しかしここは、かつて地元の人々には「人食い川」と恐れられていた場所であった。

この松本訓導殉難碑は、中橋文部大臣（篆額の書）、岡田起作（本文の書）、細田謙蔵（本文起草）、井亀泉（刻字）の四人がお互いに分担・分業して造られた、中国の伝統を受け継いだ形式のものである。この碑の見所は何といっても本文を揮毫した岡田起作の謹厳なる楷書の文字と、

碑のすぐ裏の玉川上水

それを生かした、優れた石工・井亀泉による刻である。

この碑についても同様にいろいろな角度から眺めてみることにした。すると今度は、明治から昭和初期にかけて流行した巨大な石碑建立についての実態が浮き出てきたとともに、調べが進むうちに、太宰治をはじめまたいろいろな人間模様が見えてきたのである。

一、井の頭公園と松本訓導

東京でいちばん住みたい街の上位に、近年、常にランクされる吉祥寺、そのＪＲ中央線の吉祥寺駅から歩いて七、八分の所に「都立井の頭恩賜公園」がある。人々は略して井の頭公園と呼ぶ。緑豊かな林のなかを散歩する人、バードウォッチングを楽しむ人、広く細長い池でボートを漕ぐ人など、その広い公園内の森林や池は東京のオアシスのひとつとなっている。現在、都内でも有数の桜の名所となっているこの公園は、三鷹市と武蔵野市の二市にまたがっている。弁財天のある有名な井の頭池（七井の池）の周りは三鷹市であり、同公園西側の「御殿山」と呼ばれる、雑木林のような一帯と道路を隔てた自然文化園（動物園）は、武蔵野市に属している。また玉川上水より南側、つまり世界的なアニメ制作で有名なジブリの森美術館のある方の公園広場は三鷹市となっている。「御殿山」という地名は、寛永二年（一六二五）十一月三十日に、三代将軍徳川家光が、この地（当時、牟礼野城山といった）に「鷹狩り」〔注1〕に訪れ、この時、将軍の休息のための御殿を設けたことに由来するという。

「井の頭」という地名についても寛永六年春に、家光が再びこの地を訪れた時、「この池の名

井の頭池

前を尋ねたので七井の池と答えたところ、池の畔の辛夷の木に刀の小柄で『井之頭』と彫りつけた」〔注2〕という故事に由来するという説があることも判った。

これから述べるこの石碑の主人公・松本訓導は、本名を虎雄といい、大正八年十一月に起こった痛ましくも勇敢な事件の当事者である。玉川上水で溺れかけた児童を救おうとして水に飛び込み、命を落としてしまったその人は、大正時代の美談として、この地域だけではなく広く世間で賞賛された人物であった。

過去の流行語の歴史を調べていくと、大正九年には「職業婦人、ああ松本訓導、お手伝い」という言葉が流行したということが判った。「職業婦人」という語は、

「東京市井ノ頭恩賜公園」と記された門標

現在では、「キャリアウーマン」と呼ばれるいわゆる「働く女性」のことであり、「お手伝い」とは、従前の暗いイメージを持つ「女中」という語が変わって広まったものという。この他では、近年、若い世代ではあまりいわなくなったが、主に年配の方々は知っている（あこがれていた？）「銀ブラ」（東京銀座をぶらぶらすること）という言葉が生まれたのもこの頃、ここに「ああ松本訓導」という語が含まれていることに私は驚きを感じた。この事件への関心が当時の人々にとって非常に高かったことを示すひとつのバロメーターであるからである。

さらに調べていくうちにこの事件は、映画の前身「活動写真」として、当時の俳優によって演じられ撮影されて、大正九年三月には、現在のいわゆる映画館において上映されたことも判明した。天活（天然色活動映画株式会社の略称）を買収し、国活（国際活映株式会社の略称）となったその年の出来事である。国活は、活動写真のブームに乗って急成長し、角筈（東京西新宿）と巣鴨の二か所に撮影所を持ち当時フル回転で、百作を超える映画を撮影した。その国活巣鴨のリストのなかに『噫松本訓導』撮影大森勝、主演葛木香一」があることが判明した。さらに当時の「読売新聞」（大正九年三月十三日）に当ってみると二つの映画館の広告が掲載され、三月十三日封切り「殉職美談」『噫　松本訓導』（浅草大勝館）と記されたもの、また、「特殊公開・愈々本日封切り」「井の頭美談」『嗚呼　松本訓導の死』「吾日活会社が最高の敬意と最善の努力を尽したる……高級大写真（オペラ館）」のように記載されているものもあることが判った。これは、小口忠を監督として、日活（向島）で撮影されたもののようである。また、三月二十二日の「読売新聞」には、同日よりとし『嗚呼　松本訓導』をタイトルとして、七つの映画館の名前の入った広告や、三月二十九日から四月四日まで上野みやこ座で特別大興業と称し、『嗚呼　松本訓導』琵琶・吉野弦月師出演、説明・石原登美郎担当という広告が掲載されている。これらは、先の二種類と同じ映像なのか異ったものなのか不詳だが、題名表記をそれぞれ一般大衆向けに判り易くしている点が面白い。このことからも、この事件は、当時の世相を反映し、全国的に広まっていったことを窺い知ることができる。

二年前、武蔵野大学で開催された武蔵野市寄付講座において、武蔵野市民百十名の方々に「武蔵野と書」と題し、井の頭公園内の武蔵野市側に位置する「松本訓導殉難碑」について講義した。その市民講座の事務局の方に伺うと、その受講生の方々の平均年齢は七十歳とのこと、年配の方々がほとんどであった。そこで市民受講生の方々に「この石碑のことを含めて松本訓導のことを知っている、もしくは聞いたことがある人?」と尋ねてみると、約三十人の人が手を挙げてくださった。大正九年といえば、今から約九十年前のことであり、後から知った方がほとんどであろう。また、どんなに一世を風靡したことでも風化するのが世の常であろう。そう考えると妥当な数字かもしれない。

この研究のために、この碑の拓本を採っている時、近隣にお住まいの年配の紳士の方が、たまたま散歩で通りかかり、採拓の様子を興味深く不思議そうに眺めておられたのでしばし拓本の採り方についてお話した後、雑談した。するとその紳士は「昔、関西に住んでいたのですが、松本訓導の話を学校の『修身』の授業で習いました。ここに越して来て、何とそのことを記した石碑があったのでびっくりしました。この石碑の前を散歩して通るといつもその頃のことを思い出し、妻に話すんです」と少し興奮気味に語ってくださった。私はそこで「修身」という、今なら道徳に近い戦前の教科名が出たので「それは戦前のいつ頃ですか」と尋ねると「昭和十五、六年頃かなあ」とのことだった。

碑のすぐ裏の玉川上水

この頃は、「国定教科書」の時代なので、「調べればいつ頃の教科書に出てくるのか判るかもしれない」と思い、さっそく翌日に図書館で、昔の小学校の「修身」の国定本教科書全期をすべて手にとって調べてみた。しかし載っていなかった。小学校ではなく、中学校だったのか、それとも副読本を用いたのか、いろいろと想像を巡らしたが、もっとよくお聞きしておけば良かったと後悔し、残念に思っていたところ、ふと戦前の新聞に当ってみてはどうかと思いつき、調べてみると「尊き犠牲永久に・松本訓導の名も刻む・教育塔の建設決る」の記事（「読売新聞」昭和十年五月五日発行）が目についた。

昨秋大阪地方を襲った台風に際しわが身を投げ捨てて遭難児童を救った小学教員の慰霊、表彰が動機となり、之まで教え児のために殉職した全国多数小学教員の貴い犠牲精神を永久に表彰記念するため災害直後帝国教育会では大阪市内に教育塔を建設することになり専務理事東大教授大島正徳氏を実行委員長として準備を進めてゐたが、四日漸くその具体案を決定した。

塔の下部には記名盤を設けて当時七人の教え児を救った京都の片山訓導をはじめ、かつて井之頭公園で殉職した松本訓導らの名前を刻み、更に将来もかかる犠牲教育者の名を順次刻記してゆく設定で、また塔の前には礼拝所も設けることになってゐる。この予算は廿万円、完成の暁は教育者の慰霊塔として全国的な名所となるであらう。

と記されている。先ほどの件は、時期からして、昭和九年九月に室戸（むろと）台風が阪神地方を襲い、

盛り土の上の碑

学校関係者にも多くの犠牲者を出したことを契機として、全国の学校などで教育活動中に事故や災害で亡くなった子どもたちや教職員などの慰霊のために昭和十一年、大阪城公園内に建てられた「教育塔」の設置に起因するのではないかと推測することができた。しかしもう少し詳しく聞いておくべきだったと反省した。松本訓導の名は、当時の教員が、修身の時間に、その教科書の内容の近いところで付随して語ったものらしいことが窺えた。

続いてさらに、この市民受講生の方々に「この石碑のあるところへ実際に行って見たことがある人？」と尋ねると、十

碑の周辺

人ほどに減ってしまった。石碑のある場所は、井の頭公園内を北西から南東に横切って流れる玉川上水の万助橋から、約一〇〇メートルほど下流の上水北側の岸辺に、少しこんもりと塚のように土を盛った上に建てられている。井の頭公園内でも武蔵野市御殿山一丁目に属す場所である。万助橋のすぐ袂に公園の大きな有料駐車場があり、ここから石碑はすぐ近くなのだが、雑木林の木々の緑が豊かに茂っていて見通しがわるい。立派な石碑なのだが、背が高く生い茂る木々のなかに同化しているようであり、意識して見てはじめて所在が判るということを実感した。

「この石碑のある場所は、バードウォ

ッチングの集合場所として有名なんですよ」と一人のご婦人が講義終了後に教えてくださった。そういえば、この石碑の前の広場に、三脚の上に望遠レンズをつけた愛好家の双眼鏡やカメラ数台が森の鳥たちを見るために立ててあったことを思い出した。ここは、鳥たちの静かな楽園ともなっているのである。五月の雨上がりの日、再びこの石碑を訪れると、碑面を二匹のでんでん虫が仲良く這っていた。

二、碑の大きさと型式

この碑の碑石本体の大きさは、高さ二八二センチ、幅一一一センチ、厚さ最大寸法約二五センチのいわゆる板状の碑石である。しかし碑文が刻されている箇所は、平面にして磨きが掛けてあるが、その他の部分つまり碑の表面頭頂部と左右の縁部、そして裏面は、磨きを掛けず自然石そのままを生かしての加工である。横に長い自然石そのものを台石とし、その上に建てられている。

この石碑本体は、首(しゅ)・額(がく)・身(しん)の三つの部分からなる。石碑の頭頂部を首といい、原石の自然なカーブを生かしながら先端を尖らせている。その頭頂部下に篆書の「碑額」、中央部（身）に

松本訓導殉難碑の大きさ

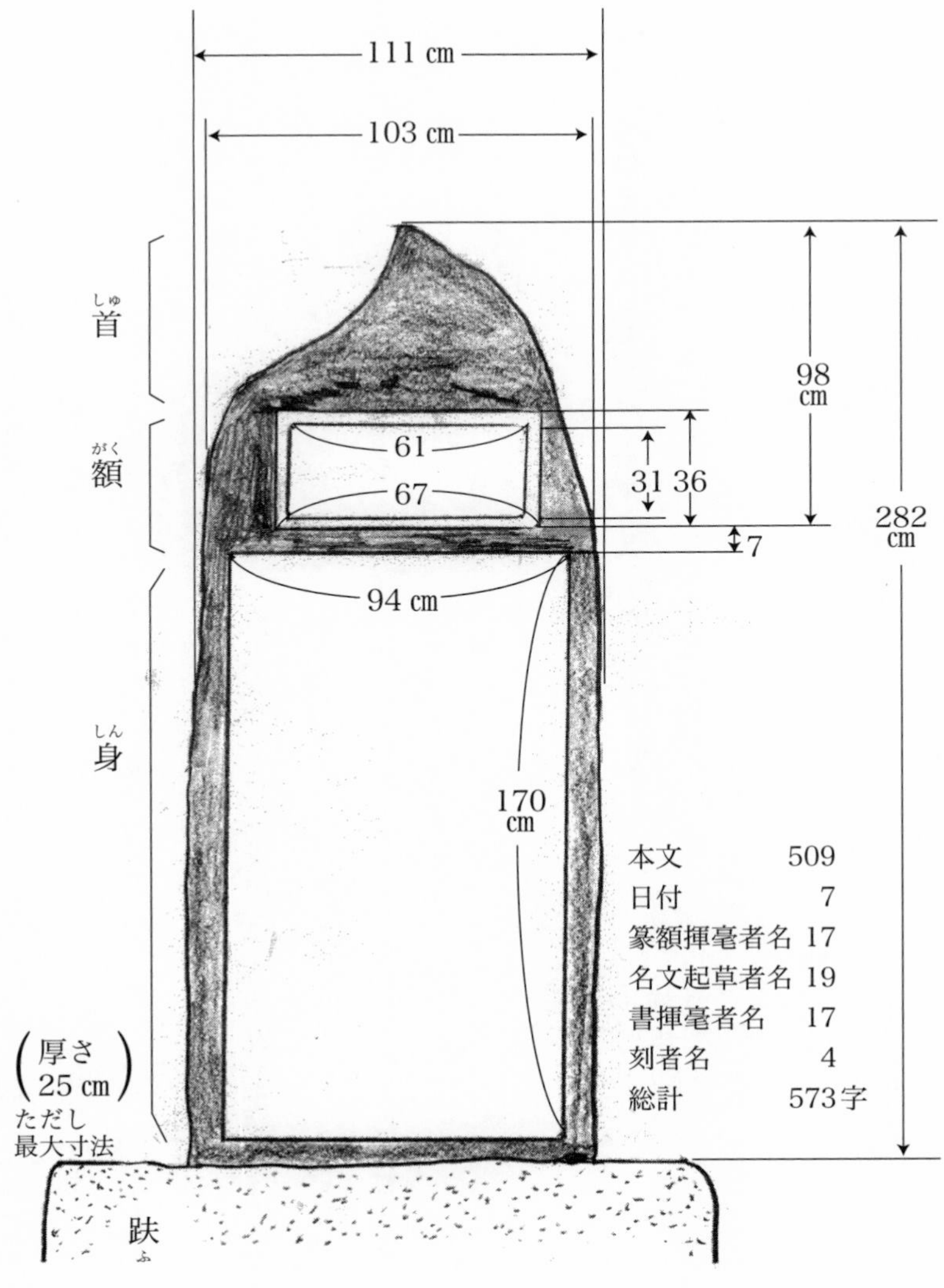

楷書の本文を配置して刻された中国の伝統的な碑形式を取り入れたものである。碑額には、碑の題名が記されるが篆書で記されたものを特に「篆額」と呼ぶ。碑額を楷書等の書体で刻したものも見られるが、古来、篆書で刻すのが正式とされている。本文は漢文体であり、謹厳な楷書で書かれている点が他の二碑と大いに異なる。またこの形式の碑の特徴は、本文の揮毫者は謹厳な楷書が同じ調子でしっかり書ける熟達した人（たとえば細楷の得意な書家や書記官等）が選ばれるが、碑額の書の揮毫者は身分や役職の高い人（たとえば華族・大臣・知事など）に依頼している場合が多いということである。この碑の碑額の書は、時の文部大臣中橋徳五郎に依頼している。

三、篆額の書と本文起草者

中橋徳五郎は、文久元年（一八六一）に加賀国金沢で加賀藩の武士の家に生まれた。東京帝国大学卒業後官僚になり活躍するが、その手腕を請われて大阪商船社長就任をはじめとした実業家に転身、渋沢栄一等と新しい会社を興したりした。その後、政治家となり、衆議院議員、文部大臣などを歴任した人物である。原敬内閣の文部大臣に就任し、高等教育機関増

上・篆額
下・篆額の刻法（浮き彫り・梨地彫り）

設や東京高等商業学校の大学昇格などに尽力した。その次の大正十年成立の高橋是清内閣においてもその手腕が評価され、文部大臣に留任された。その後、昭和二年の田中義一内閣で商工大臣、犬養毅内閣で内務大臣を務めたが、昭和七年病気のため辞任、昭和九年に七十四歳で死去している。

この文字を陽刻（浮き彫り）し、その周囲を「梨地打ち」した篆額は、中橋が文相在任中の六十歳の書である。この篆書は、字体の正確さと線の太さは概ね良好である。当時の財界・政界の大物だけあって書の心得はあったようで碑額の刻面を直接見るといかにもしっかりとした書に見える。しかし、拓本に採ってこの書をじっくり眺めてみると、篆書の書法にはあまり馴染みがなかったようで、篆書の特徴である左右対称の字形の取り方が今一歩であり、篆書の起筆の筆法を所々楷書の筆法で揮毫していることがよく判る。

時の文部大臣中橋に篆額の書を依頼したのは誰か。これが謎であった。ところがこのことを解くための二件の記事を見つけることができた。

〔1〕松本訓導の殉職によって、時事新報義勇表奨会が遺族に対して賞金二百円及び表奨状を贈呈された。（「時事新報」大正八年十一月二十二日）

〔2〕故・松本虎雄（訓導）は、文部大臣表彰を受け、金一封を授かった。以下、その表彰

篆額の拓本

状の本文である。「右は大正八年十一月二十日郊外遠足の際、その受け持ち児童の過ちて水中に落つるや、敢然身を挺してこれが救助に赴き、ついに厄難に遭う。これその職に殉じたるものにて、洵に奇特と謂うべし。よって金一封を贈りこれを表彰す。大正八年十一月二十五日　文部大臣正四位勲二等　中橋徳五郎　一、目録金百円」（「東京日日新聞」大正八年十一月二十八日）

故・松本虎雄ということは、その遺族が文部大臣表彰を代わりにいただいているということである。ここで遺族と中橋文相とのひとつの接点が見られる。

前例を何よりも重んじる時代であったのだが、まだ前例がないのにもかかわらず妙に早く文部大臣表彰の授与が決定されたというのは、この事件が世間に与えた影響が多大であったからともいえよう。さらに当時の帝国教育会からの推薦によると考えられる。しかし調べていくうちに、もう一つの可能性が中橋の経歴から思い浮かんだ。それは中橋の友人・渋沢栄一による可能性である。「井の頭恩賜公園」という名が示す通り、ここは元皇室の御料地に指定されていた場所であるが、井の頭付近の御料地指定は、大昔からではなく、大切な森林資源と神田上水の水源を守り確保するため、明治二十二年十月からであった。この広い土地の一部に、東京小石川区にあった東京市養育院内に完成した感化部（不良少年が収容された施設）を移転させるために最初に下賜を当時の松田東京市長に提案したのが渋沢栄一であった。そのわけは収容中の普通児童とそうでない児童を分離することにあったという。

渋沢の建議内容のなかに「感化部の教育は普通文字の外に各自技芸の素養を与ふるを要すと云とも就中農業に服事せしむるを最良法と為すは欧米に於て経験する所なり……加之、春花秋草家畜野禽常に耳目を娯ましめ人心を感化すること極めて大なり」と記されている。当時の東京市内に近く緑と水の豊かなこの地の環境が少年感化のためには最適と考えられたのであろう。この学校の院長が渋沢であったのである。この渋沢の建議は東京市会において可決され、同時に宮内省への井の頭の御料地拝借の交渉の結果これが聞き届けられたのであった。これが明治三十八年にできた東京市養育院感化部井之頭学校（後に移転し、この場所には現在、井の頭自然文化園が建っている）である。渋沢は財界の大物であったが、社会奉仕にも積極的であった。これが契機となり、この御料地全部が大正初めに下賜され井の頭恩賜公園が誕生したのである。この郊外型の緑と水の豊かな広い公園は小学校の遠足のメッカとなったのであった。

このようななかで松本訓導の殉職事件が起きたのだった。この事件のあった場所とこの学校のあった位置は同じ公園内であったという点も見逃せない。

中国では、碑額の左側と右側に二対の龍の模様を配する例が多く見られる。また、碑石の台座は日本では横に長い自然石や四角い石の台石が多いが、中国では、頭や甲羅のある巨大な亀の形に刻した台石（亀趺）の上に碑身を立てた例も多数見受けられることをも併せてここに記しておきたい。

漢文の本文を起草したのは、東京女子高等師範学校教授・細田謙と記されている。これは当時、漢学者等の間で流行した中国風に三文字にした氏名であり、正式には、漢学を専門とした細田謙蔵（安政五年～昭和二十年）である。細田は、中国に渡って研鑽を積んだ漢学者であったが、書の方にも造詣が深く、『書道原義』のような書道理論の本も著している。剣堂と号した。空海の書を好み、豪快な書を得意としたようである。

四、拓本について

石碑に刻された「書」の研究には、拓本は必要不可欠なものである。「拓本なんかなくても、碑面を撮影した写真があればいいのでは?」と思う人がいるかもしれないが、それは、書をあまり知らない人である。碑額のところで少し述べたが、拓本の方が、書に対する情報が写真よりはるかに明快で的確だからである。文字の刻し方、つまり「刻」の研究には写真は必要で欠かせないが、刻された文字そのものの研究には、拓本の方が優れている。それは余

刻と拓本（比較）

分な情報を取り去ってくれ、文字（書）の輪郭のみを、くっきりと浮かび上がらせてくれるからである。

拓本を採ることを「採拓」という。採拓のための充分な知識もないまま、また誤った知識でいい加減に採る一部の人々のために近年では、石碑等の管理者から採拓許可を得ることがたいへん難しくなっている。採拓する時は、絶対に碑面だけではなく石碑全体を墨で汚してはいけないことが鉄則なのであるが、汚してしまう人が跡を絶たないからである。管理をする側からみれば、なるべくなら許可したくないのは当然といえよう。

採拓の方法は、採拓では日本一の技

を持つといっても過言ではない新倉垤斎先生・金木和子先生から教えていただいた。奈良・東大寺大仏殿前の灯篭や大仏の花弁の拓本などをはじめとした国宝や日本の有名な石碑などの採拓は、両先生の仕事になるものが多い。石や銅などの刻面に画仙紙を水だけを用いて張る。そしてその上を拓本用の専用ブラシ(刷毛)で画仙紙を打ち込むと、もう紙は碑の刻面にしっかりと食い込み、画仙紙が完全に乾いても剥がれない。採拓の経験者なら判ると思うのだが、普通の人が同じ作業をすると刻面に張って刷毛で打ち込んだ画仙紙が生渇きのうちは良いが、乾燥してくると

刻と拓本（比較）

紙の角の方から、剥がれてくるのが一般的だからである。糊のような成分を一切用いず、単なる水だけで完全に碑の刻面に画仙紙をくっつけてしまい、何日たっても剥がれないというこの技にまず驚いた。さらに画仙紙を刷毛で碑面に打ち込む時間も念入りならば、仕上げまでにタンポで何回も全体を綿密にかつ丹念に斑が出ないように打ち込む時間も何時間にも及ぶ。ものによっては、数日掛けて仕上げる。その拓本の出来栄えは他のどんな拓本よりも採拓に時間と労力を掛けているだけあって墨色が上品であり、光彩がある。これだから両先生には、拓を採る対象物

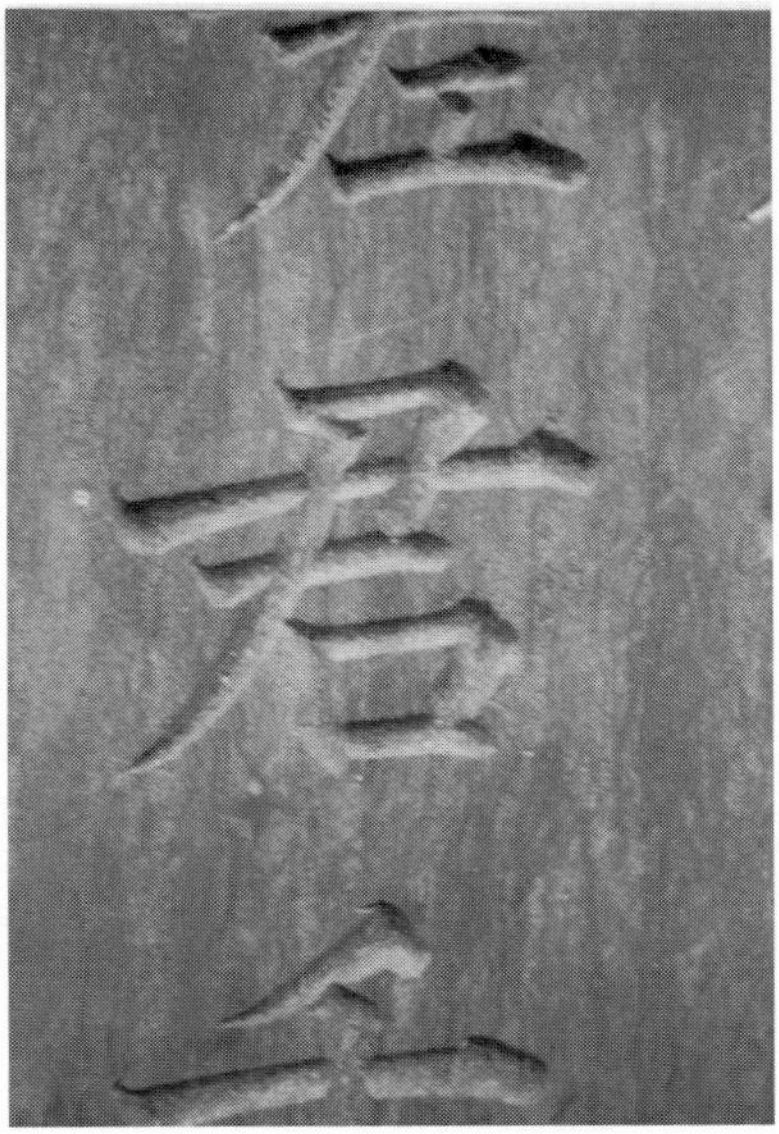

突き鑿のあとが見られる

が国宝でも許可が下りるというより、むしろ所蔵する寺社の方から依頼されるのかと感嘆した。

有名な寺院の宝物館に行くと、展示されている佳拓（良い拓本）には、両氏の名前が採拓者として記されていることが多い。拓本の表面は真っ黒なのに、碑などの刻面に接した拓本の裏面は、真っ白なのである。拓本採りは、碑は絶対に汚さないという信念が凝縮し、採拓の技術はまさに神業なのである。採拓中だけではなく、その前後の準備の大切さ、石碑の汚れはきれいにしてあげた方がよいが、苔むしているものに関してはそれは取らない方がよい（年月を経た美や風格等を失う恐れがあるからである）。何よりも石碑は、あるがままの姿がいちばん、採拓によってそれを損なってはいけないということなども教えていただいた。

五、採拓作業

私が、井の頭公園管理所へ採拓許可を得るために赴くと、「東京都西部公園緑地事務所の管理課へ行ってください」と言われた。多摩地区の都立公園の管理は、一括してここで管理することとなったという。「遠くだと困るなあ」と思いつつ所在地を尋ねると、何と大通りを隔てた井の頭自然文化園正門に近いところと言われ、その足で同事務所管理課へ伺った。二階の管理課で、「武蔵野市民講座の資料作成のために……」と事情を話すと、昼頃だったので「今、担当の者が留守なので、電話をします」とのこと。そこで大学へ戻り研究室で待った。すると電話があり、「武蔵野市からの申請書類が必要」と言われ、私はすかさず、「大学名の正式な依頼書ではいけませんか？」と、問うと、「武蔵野市の担当部署からの申請書類にしてください」と言われ困惑した。しかし、先にも記したが、これも無闇に拓本を採らせないことによって石碑などの文化財を守る防波堤なんだろうと考えなおし、大学事務局を通して、武蔵野市寄付講座の主催者である、武蔵野市教育委員会生涯学習スポーツ課長名の正式な採拓願の申請書を発行していただいたのである。快諾してくださった課長さんに深く感謝したい。

推薦者の顔を絶対に潰してはならないというのが、私の信条である。こうなってくると、拓本をきれいに採るということだけではなく、武蔵野地域の文化の発展のために（当日の講義のためにも含めて）、準備も一層気合いを入れて臨まなければと心を引き締めたのであった。

同事務所に確認の電話を入れると、井の頭公園における採拓当日に、その書類を持参すれば良いとのことだったので、五月のとある月曜日、採拓当日の十時頃、再び同事務所を訪れた。そして手続きを済ませると、許可の書類と、都のマーク「緑色のイチョウの葉」の下に「東京都」と少し大きく記され、その下に「井の頭恩賜公園管理所」と記された黄色い腕章を貸してくださった。この腕章を付けているということが「許可を得て行っているということの証」だそうで、洋服の左わき腹の上の位置に安全ピンでとめた。採拓中に、制服姿の巡回している公園の守衛さんが自転車に乗ってやって来た。きっと「何をしているのだろう」と思いやって来られたに違いない。すかさず、この腕章を見えるようにして正面を向き、「ご苦労様です」と私の方から声掛けしたら、敬礼をして行ってしまった。この腕章は、水戸黄門の印籠のように思えたのであった。

野外に立つこの石碑は、苔は生えていなかったが長年の塵や泥で汚れ、砂だらけであり、また昆虫の棲家ともなっていたので、石碑に合掌したのち、車を洗うような大きなブラシを用いてまず石碑全体の汚れをぬぐうことから開始した。そして持参したバケツに水を汲み、しぼったぞうきんで碑面をふいた。石碑面に画仙紙を張りかけている時、お手伝いにお願いしておいた私の研究室の大学院生S君・I君の二名が午前中の授業を終えて駆けつけてくれた。五月を選

採拓〔1〕ブラシ打ちをしているところ

採拓〔2〕
打搨（だとう）（タンポで打つこと）して
いるところ

んだのは、拓本を採る季節として、春と秋は最高であるからである。それは、野外での作業となるので、暑からず寒からずで、気候が良いからである。以前、別の場所で、真夏に茂みのなかにある石碑の採拓作業を行ったことがあるが、ヤブ蚊に刺されまくった。そうかといって北風が吹き、指先も悴（かじか）む冬は、論外である。また、平日を選んだのは、この公園は観光地でもあるので、できるだけ参観者が少ない方が、作業をしやすいと考えたからである。

画仙紙の一般的な全紙サイズよりも石碑の刻面が大きいので中国本画仙の大画仙紙を水で張

碑額の採拓

り込むこととした。拓本用ブラシ（刷毛）でよく打ち込んだ。水のみでしっかりと石碑面に画仙紙を接着することができたのが一時頃である。それからタンポAに墨をつけて、もう片方のタンポBによく擦り込んでから、薄く墨のついたタンポBを要らない紙に試し押しをし、様子をみてから、先ほど石碑面に張った画仙紙の上を、タンポBで打っていった。全体をまんべんなく一様に何回も重ねて打つのがコツである。四時頃まで、三時間余り打ち込んだ。まだ拓本の墨の調子が少々薄く、もう少し重ねて打ちたかったが諦めた。それは、今回は特別の許可を得ての作業のため、後片付けする時間を含め、事務所が閉まる前に、腕章の返却と報告を終わらせる必要があったからである。

さて、石碑面から、拓本に変身した画仙紙を、角からゆっくりと剥がすと、拓本の裏は、表から打ち込んだ墨がにじみ出ず、真っ白であり、まずは大成功。しかし刻のなかに打ち込んだ箇所の部分がしっかりとくっついてしまっていて剥がれない。今回、画仙紙を水のみで、刻面に拓本用ブラシで打ち込んだのであるが、剥がれないということは、S君・I君と三人で、先ほど述べた名人の採拓のごとく、雨が降らない限り二日でも三日でも重ねて採拓できる技を習得できた（かもしれない）とひそかに喜んだ。また、「水のみで画仙紙が剥がれない」ということは、採拓の技だけではなく、「刻」の鋭さつまり石工の技のすばらしさを多分に物語るといえよう。しかし指の爪先で食い込んだ部分をゆっくり取りながら剥がす作業を進めていったが、少々破れてしまった。採拓の技の奥深さが身に沁みた瞬間でもあった。

それから一年後の四月に、採拓名人の金木先生を武蔵野大学に非常勤講師としてお招きすることができた。もちろん金木先生には拓本技法の授業を受け持っていただき、私も学生・書道

仕上がった拓本を碑面から剥がすところ
拓本のオモテは真っ黒、ウラは真っ白

専攻の院生と共にこの授業を受講した。この年の前期全十六回に及ぶ詳細な拓本技法の授業は他の大学では例をみない貴重なものといえよう。墨つぼの作り方、タンポの作り方から採拓方法まで、学生と共に教えていただいた。授業は教室内でもできるように龍門二十品のいろいろな拓本を凸版に加工したものを用いられた。上手にタンポで打つことができるとその拓本(複製)ができるという楽しみがあるおまけ付きである。なかなか墨色が均一になるように打つのは難しかったが、みんながある程度慣れてきた時、先生のタンポで打つ速度(十秒間で約二十八回)で碑面を打つ心地よい打音を先導として、皆で同じ速度で打ってみる練習をした。この打音は速度を表すとともに同じ音が出せるようになるとタンポが紙の上を打つ力具合も近くなる。この練習がとても印象的であった。

五月、忙中の閑をぬって、この碑を採拓してくださることとなった。再び公園事務所の採拓許可を取って、金木先生と私、そして院生S君・I君とともに再挑戦することとなった。金木先生の碑面に水と打ち刷毛のみで定着させていく手際の良さはさすがで、タンポで均一に墨を載せていく技もさることながら、碑面についた引っかき傷のようなものまで写し取ることができ、「この引っかき傷はどうしてついたんだろう」と四人で考えていると、どこからともなく猫がやってきて、しばらくこちらの採拓を見つめていたことが印象的であった。昨年採拓したものとは雲泥の差であり、とても良い拓本が完成した。今回この採拓時の写真と拓本を掲載した。

文部大臣正四位勳二等中橋德五郎篆額

大正八年十一月二十日東京麴町區永田小學師生六百餘人遊觀郊外井頭公園訓導松本君與焉既至羣童四散歡然嬉戯園外有玉川雨後水漲流急兩岸芒蒲茂密掩水一童謬墬君遙見之狂奔往拯躍投水則童扳芒而浮爲路人所援免而君則遂漂沒不知所之衆錯愕驅役鉤探遺骸詰旦纔得之事一傳世識與不識莫不感其義惜其死致賻弔唁者陸續不絶越九日本區用區費葬雜司谷塋葢異數也君諱虎雄號風外松本氏信州上水内郡津和郞人考諱眞弦通和漢學尤篤尊王之義先二月歿母保科氏一男二女男即君君純謹孝友喜趨人急畢業東京青山師範校歷任府下小學訓導其交同僚也信視諸生也慈爲衆所仰服距生明治二十年一月六日齡三十三未娶無子君幼嗜學好讀東西理學書公餘與同人設修養團爲幹事盡瘁十數年意在匡正世道人心其趨義殉難葢所養有素云頃區内志士相與捐資樹碑川上亦感其義也以銘屬余余因往觀玉川深廣倶十餘尺盤渦而流土人云傍底硬土滑利危險無比一溺雖習泅者皆不能免稱曰食人川嗚呼危險若是投之非可得而拯況不審童之狀乎未能無輕率之嫌雖然職分之所存惻怛之情之所激忘身冒險而不顧義純情摯又何輕率之有宜矣動人之深且大此可以銘也已銘曰

殺身成仁君竟其仁處死實難君就其難庠序林立敎化未美釣利媒私往往而是嗟君千秋不朽凛乎其躅以矯澆風而警薄俗

大正九年十一月

東京女子高等師範學校敎授正六位細田謙撰

東京女子高等師範學校講師岡田起作書

井龜泉刻

拓本（全拓）

六、石碑の文章について

採拓できたところで、この石碑に刻された全文の文字をなるべく忠実に記したものが次のものである。

■松本訓導殉難碑

〔碑文一行目〕

文部大臣正四位勳二等中橋德五郎篆額

〔碑文二行目〕

大正八年十一月二十日東京麹町區永田小學師生六百餘人遊觀郊外井頭公園訓導松

〔碑文三行目〕

本君與焉既至羣童四散歡然嬉戲園外有玉川雨後水漲流急兩岸芒蒲茂密掩水一童謬

〔碑文四行目〕

墜君遥見之狂犇往拯躍投水則童抜芒而浮爲路人所援免而君則遂漂没不知所之衆錯

〔碑文五行目〕

愕驅役鉤探遺骸詰旦纔得之事一傳世識與不識莫不感其義惜其死致賻弔唁者陸續不

〔碑文六行目〕

絶越九日本區用區費葬雜司谷塋蓋異數也君諱虎雄號風外松本氏信州上水内郡津和

〔碑文七行目〕

郰人考諱眞弦通和漢學尤篤尊王之義先二月歿母保科氏一男二女男即君君純謹孝友

〔碑文八行目〕

喜趨人急畢業東京青山師範校歷任府下小學訓導其交同僚也信視諸生也慈爲衆所仰

〔碑文九行目〕

服距生明治二十年一月六日齡三十三未娶無子君幼嗜學好讀東西理學書公餘與同人

〔碑文十行目〕

設修養團爲幹事盡瘁十數年意在匡正世道人心其趨義殉難蓋所養有素云頃區内志士

〔碑文十一行目〕

相與捐資樹碑川上亦感其義也以銘屬余余因往觀玉川深廣俱十餘尺盤渦而流土人云

〔碑文十二行目〕

傍底硬土滑利危險無比一溺雖習泅者皆不能免稱曰食人川嗚呼危險若是投之非可得

〔碑文十三行目〕

而拯況不審童之狀乎未能無輕率之嫌雖然職分之所存惻怛之情之所激忘身冒險而不

〔碑文十四行目〕

顧義純情摯又何輕率之有宜矣動人之深且大此可以銘也已銘曰

〔碑文十五行目〕

殺身成仁君㡪其仁處死實難君就其難庠序林立敎化未美釣利媒私

〔碑文十六行目〕

往往而是嗟君千秋不朽凛乎其躅以矯澆風而警薄俗

〔碑文十七行目〕

大正九年十一月　　　　　東京女子高等師範學校教授正六位細田謙撰

〔碑文十八行目〕

東京女子高等師範學校講師岡田起作書　井龜泉刻

本文の文章五百九文字、日付七文字、篆額揮毫者名十七文字、漢文起草者名十九文字、書揮毫者名十七文字、刻者四文字、総計五七三文字を岡田起作が謹厳な楷書で揮毫している。これ以外に篆額の中橋文部大臣の篆書七文字が刻されている。

七、松本訓導殉難碑・訳

本文の漢文を書き下し文に改め現代語訳し、更に注釈を加えてみた。旧字体の漢字は新字体に改めた。

〔篆額〕松本訓導殉難碑

文部大臣　正四位勲二等　中橋徳五郎・篆額

＊篆額とは、石碑の頭部（碑首）に篆書で陽刻されている「題額（碑の題名を刻した額のような場所）」のことである。この部分を総称して碑額と呼ぶが、篆書で刻されたものを特に篆額と呼ぶ。本文とは別の人が揮毫することが一般的で、身分の高い人に依頼することが多かった。この石碑の碑額の書は、時の文部大臣・中橋徳五郎に依頼している。

〔1〕大正八年十一月二十日、東京麹町区の永田小学の師生六百余人の郊外の井の頭公園を

遊観せんとするや訓導の松本君は焉(これ)に与(あづか)る。

大正八年十一月二十日の木曜日に東京麹町区（現在の千代田区）の永田町小学校の教師と児童合わせて六百人余りで東京郊外の井の頭公園を見学することとなり、訓導（教諭）の松本君はこの任に当った。

＊当時は「遠足運動会」といった。現在の遠足である。松本訓導は三年生の担任であった。麹町区はその後、千代田区となり区立永田町小学校となる。永田町二丁目十九番一号にあった同校校舎は、平成五年（一九九三）三月、千代田区の公共施設適正配置構想により廃校になり、その歴史はそのお隣の区立麹町小学校へ統合という形で受け継がれていくこととなった。

〔2〕既に群童の四散して歓然として嬉戯(きぎ)するに至りてや、園外に玉川有りて、雨後の水漲り流れ急となる。両岸の芒蒲(ぼうほ)の茂密して水を掩ふ。

しばらくすると児童たちはあちこちに散らばり、喜びうち解けて遊び戯れていたが、公園の外には玉川上水があり、雨の後のため水かさが増し、流れが急となっていた。両岸の

昔の玉川上水（昭和40年11月1日・武蔵野市提供）

第三章
松本訓導殉難碑考

生い茂っていた芒（すすき）やカヤなどの雑草がその流れを掩（おお）い隠していた。

＊現在の玉川上水の堤上には、いろいろな木々や草・笹などが密生しているが本文中に出てくる芒はあまり見られないようである。しかし昔の写真を見ると芒やカヤが一面に生えていたことが判る。

〔3〕一童の謬（あやま）りて墜（お）つ。君は遙かに之を見（み）、狂犇（きやうほん）して往きて拯（すく）はんとし、水に躍（おど）り投ずれば、則ち童は芒（すすき）を抜（と）りて浮き、路人の援免する所と為る。

一人の児童が誤って足を滑らして玉川上水に墜ちてしまった。松本訓導は、この出来事が目に入って、狂ったように走り出して行って水に沈もうとする児童を助けようとして水のなかへ身を躍らすようにして飛び込んだ。しばらくすると、児童は川岸に生い茂る芒（すすき）（根の部分）につかまりながら川面に浮き、近くを通りかかった人に助けられこの危機を逃（のが）れることができた。

〔4〕而るに君は則ち遂に漂没して之（ゆ）く所を知らず。衆の錯愕（さくがく）して鉤を駆役して遺骸を探せば、詰旦（きったん）に纔（わづか）に之を得たり。

しかし松本訓導は、水の中を漂い水没して行方が判らなかった。人々は、慌て驚き、先が鉤（かぎ）のように曲がった竿（さお）を使って川の水中に沈む遺体捜索を行った結果、明くる朝に、やっと、遺体を見つけ出すことができた。

〔5〕事の一たび世に伝へらるるや、識と不識とは其の義に感ぜざるは莫し。其の死を惜みて、賻（ふ）を致し弔言する者は、陸続として絶えざること九日を越ゆ。本区は区費を用て雑司谷の塋（えい）に葬る。蓋（けだ）し異数なり。

この出来事が一度世に伝えられると、知る人も知らざる人もその正義の行動を感心しない人はいなかった。松本訓導の死を惜しんで、弔慰金を贈ったり、弔いの言葉を述べる人が、ずっと絶え間なく続いて九日間を越えた。麹町区は、その区費（公費）を用いて雑司ヶ谷の墓地に葬った。但しこれは異例の事であった。

*麹町区役所では、遺骸が発見された二十一日のその日の晩六時から九時まで弔意方法に関する協議が開催され、翌二十二日一時から臨時区議会を開催して、前例のない区葬にすることに決定した。区葬に決定する直前の朝の「東京朝日新聞」に橋本麹町区長による談話

が掲載されていて、ここでは区葬ではなく、「多分准校葬になるであろう」と述べているのが判った。この談話からもとても異例だったことが判る。

＊区からは、四千円（そのうちの千円は救われた児童の父よりの寄付）を支出して二千円を遺族へ贈り、二千円を捜索費用と葬儀費用に当てることとなった。二十九日に区葬が執り行われることとなる。その間、文部省、東京府、各新聞社、その他いろいろな団体から丁重な表彰状と弔慰金が贈られ、一般の方々からも夥しい弔意が寄せられたという。松本訓導の墓は、雑司が谷霊園にある。

〔6〕君は諱は虎雄にして号は風外、松本氏は信州の上水内郡都和邨の人なり。考は諱は真弦にして、和漢の学に通じ、尤も尊王の義に篤し。先の二月に歿す。

松本訓導の本名は虎雄、号は風外といい、松本氏は、信州の上水内郡都和村（現在の長野県上水内郡信州新町）の出身である。

＊都和村は、昭和二十九年（一九五四）四月一日に水内村と合併して久米路村となり、同年十一月に町制施行により新町と改称、翌三十年（一九五五）三月三十一日に更に合併し、信州新町となり現在に至る。

亡父の本名は、真弦といい、和学や漢学に通じ、尊王の義（皇室を尊ぶ）に篤かった。しかし松本訓導（虎雄）が事故で亡くなる二か月前に亡くなった。

＊考とは、亡父のこと。父の松本真弦は、号は鉄山といい、「皇国俚諺叢（りげんそう）」「左右尊卑考」などの著書がある。虎雄が事故で亡くなる二か月前の九月二日に七十一歳で病没している。真弦は、嘉永二年四月七日に信州の上水内郡で生まれ、書道及び漢文を学び、明治元年に皇典及び漢籍を講習した。明治四年、健御名方命社の神職、明治八年師範学校に入学、小学訓導一等試補、十九年に小学校長となるが、辞して上京し、さらに勉学に励み明治法律学校入学、卒業後、東京四谷区役所庶務課に勤務、明治三十四年に宮内省調度課、大礼記録編纂委員会書記等を歴任した。

〔7〕母は保科氏にして一男二女あり、男は即ち君なり。

母は、旧姓保科といい、一男二女を授かった。その一男が、虎雄である。

〔8〕君は純謹・孝友にして、喜（この）みて人の急に趨（はし）る。東京青山師範校に業を畢（を）へ、府下の小

学の訓導を歴任す。

松本虎雄訓導は、真面目に勤務しよく父母に仕え、進んで人がさし迫っているときに走って行った。虎雄は、東京青山の師範学校を卒業して、東京府下の小学校の訓導を歴任した。

＊虎雄が師範学校へ入学したのは、明治三十五年四月であり、入学当時は、「東京府師範学校」といった。その予備科二年へ入学し、明治四十年三月に優等の成績をもって同師範学校を卒業した。同師範学校は、明治四十一年十一月に「東京府青山師範学校」と改称された。青山師範学校は、戦後、東京学芸大学となる。虎雄は、師範学校卒業後、東京市早稲田尋常小学校訓導、東京府豊玉郡和田堀内村大宮小学校訓導、東京市赤坂尋常小学校訓導、一時病気により休職、東京市上六尋常小学校代用教員を経て、麹町区永田町小学校訓導となった。

〔9〕其の同僚と交ふるや信にして、諸生を視るや慈なれば、衆の仰服する所と為る。明治二十年一月六日に生まるる距（よ）り、齢は三十三なるも未だ娶（めと）らざれば子無し。

その同僚たちとの交わりは誠実であり、多くの学生や児童たちに対しては慈悲深かったので、人々から敬われ慕(した)われていた。明治二十二年一月六日に生まれ、年齢は三十三歳になるが、結婚していないので子供はいない。

〔10〕**君は幼くして学を嗜み好みて東西の理学書を読み、公余(こうよ)には同人と「修養団」を設け、幹事と為りて尽瘁すること十数年なり。意は世道人心を匡正するに在りて、其の義に趨りて殉難するは、蓋し養ふ所に素(もと)有りと云ふ。**

虎雄は幼いときから学問をよく嗜み、東洋と西洋の理学書（哲学の本）を読んだ。公務の他では、同人と「修養団」を設立して、幹事として十数年の間、全力を尽くして労をいとわなかった。その考えや思いは、世の中の道理や人心を正しい方向へ導くことにあり、その正義に走って殉難（国難や信仰のために身命を捨てること）するという行為は、たぶん要因をはぐくむ素があったといえる。

＊修養団は、明治三十六年に蓮沼門三が東京府師範学校へ入学し汚れた寄宿舎を見かねて単身美化活動を始めたことに端を発し、同志が生まれたのは、明治三十七年一月からといい、明治三十九年二月十一日師範学校食堂にて全職員・学生約四百人が集い産声を上げたとい

う。虎雄が同校へ入学したのが明治三十五年四月、卒業が四十年ということからみて、設立当時からの会員ということがここからも判る。当時の虎雄は、同団から雑誌「向上」を出版するにあたりその編集主任となり活躍したという。

〔11〕頃、区内の志士相ともに資を捐てて碑を川上に樹てんとするは、亦た其の義に感ずればなり。銘を以て余に属せしめん。余は因りて玉川を往きて観る。深さと広さ倶に十余尺なるも、盤渦して流る。

最近、区内の有志の人たちとともにお金を出し合って石碑を川のほとりに建立しようとするのは、人のために尽くした行動に感じ入ればこそのことである。石碑に刻むための銘文起草を私に委嘱されることとなった。私はそのために玉川上水へ行ってじっくりと見てきた。川の深さと幅は、ともに十余尺（約四〜五メートル）であるが、渦を巻いて流れていた。

＊「玉川上水は場所によって広狭はあるが、平均幅二間（三・六メートル）、深さ約四尺（約一・二メートル）かつては一日三十万トンという多摩川の水を淀橋浄水場に送り続けていた」という〔注3〕。深さに関しては、渦を巻いて流れていたので、深く見えたに違いない。

〔12〕土人云ふ、傍底の硬土の滑利すれば、危険なること比無し。一たび溺るれば習咽者といえども、皆、免るる能わず。称して「人食ひ川」といふと。嗚呼、危険なること是の若し。之に投ずれば得て拯ふべきにあらず。況や童の状を審にせざるをや。未だ軽率の嫌ひ無き能わざるも、然りと雖も職分の存する所、惻怛の情の激する所、身を忘る、険を冒して顧みざるは、義の純にして情の摯りなれば、又た何の軽率か之れ有らん。宜しきかな、人を動ぜしむを深くして且つ大なるは。此れ以て銘ずべきなり。

土地の人が言うには、川のわき底の硬土が抉られて（滑落して）いて、危険なことはこの上もない。ひとたびこの川で溺れると、どんなに泳ぎを習いのみこんで（習熟して）いる者でもそこから逃れ、助かることができない。人々は、名づけて「人食い川」と言っている。ああ危険なることかくの如し。ここに落ちたら助けに水の中に入るべきではない。ましてや児童の状況をよく見極めないで。軽率な行為だったとは言えないまでも、さりとて、教員としての任務を全うするためと、とっさに憐れみ驚く情が高まって、自分の身の安全を忘れ、危険を冒しても心にかけることは、人間の道理として純粋なことであり、人間としての心の通った真面目の表れでもあり、どうして彼の行為を軽率と言えようか。いや言

碑の側面からも見える碑陰

えはしない。すばらしいなあ。人を感動させるようなこのように深く偉大なことは。この点を肝に銘じておくべきである（この点を忘れてはならない）。

〔13〕已に銘して曰く、

身を殺して仁を成さんとして、君は其の仁に斃る。死に処するは実に難きに、君は其の難きに就く。庠序の林立するも、教化は未だ美からず。利を釣りて私を媒とすること、往往にして是とす。嗟、君の千秋不朽の凛乎たる其の躅は、以て澆風を矯して、薄俗を警めん。

以下、銘として言うには、

身を犠牲として仁をなさんとして、君はその仁に倒れ亡くなった。死におもむくというのは、たいへん辛いことであるが、君は、その辛さに向かって行った。学校は林のように群がり立てられたが、教え導いて感化する（善に進ませる）ことは、まだ完全とは言えない。利益を上げて、私を大切にするはたらきは、あちこちで肯定されている。ああ、君のいつまでも朽ちることのない勇気のあるその足跡は、軽々しい風潮を糾して軽薄な風俗を戒めるであろう。

大正九年十一月

東京女子高等師範学校教授　正六位　細田　謙撰〔注4〕

東京女子高等師範学校講師　岡田起作書　井亀泉刻

〔碑陰〕大正九年十一月麹町区有志建之

八、碑の除幕式

大正九年十一月二十日午後一時〔注5〕から井の頭公園附属地御殿山つまり碑石の前において行われた。除幕式開催にあたって寄付者三百人余りに案内状を出したという。昨年松本訓導が受け持っていた四年生（五十六名）の総代と他に小学校職員生徒等が参列した。式は工事報告に始まり、松本訓導の令妹が除幕し、中橋文部大臣、床次内務大臣、阿部知事、田尻市長、東京市学務委員長、府市教育会長、区会議長等の弔辞、遺族の謝辞があって午後二時半に閉式したという。中橋文部大臣の弔辞は簡潔な口語体であったが、床次内務大臣の弔辞は堅苦しい文章体であった。一風変っていたのが田尻市長のもので、これは代理ではなく本人が出たのだが、口頭で文章体の弔辞を述べたとのことである〔注6〕。この記事を読む限り、文部・内務大臣の弔辞は代読であったことが判る。文章体とは文語体のことである。この時口語体と文語体、二つの文体の弔辞が述べられたのであった。

根府川石採石地の原石（神奈川県小田原市）

九、碑石について

いわゆる板状の碑石であるが、碑の側面（周囲）と裏面は、自然石そのままの趣を生かして加工されている。このような碑石の外形は、日本では江戸時代より根府川石を加工したものに多く見られたので、この碑の碑石をも根府川石と混同しているものがあるが、これは誤りで、正しくは陸前産の自然石、つまり「仙台石（稲井石）」であることが判った。

根府川石は、神奈川県小田原市のＪＲ根府川駅近くの山から切り出されたものである。二年前の夏に根府川石とその隣の真鶴へ行く途中の山中にある小松石の

小松石採石場（神奈川県真鶴）

採石場を実際に訪問取材してきた。どちらも富士山の溶岩と同じものがゆっくり地中で固まったものという。石の専門家でない私には、切り出したままの両方の原石ではどちらも同じように見えたが、現地でその見分け方を教えていただいた。石に磨きをかけると色艶に差があり、根府川石には微妙な石紋が浮き出てくることで見分けることができるとのこと。さらに墓石だけでなく、江戸城の石垣にここから切り出された小松石が用いられたということが判り、とても親しみを持つようになった。根府川石の磨かれた石肌は、茶褐色であり、切り出された根府川石の縁部には鉄錆色の独特な色が浮き出ている面がある。この時縁部の鉄錆色の面は、松本訓導碑の碑石と似ていると思えたが、石肌の色と質感が全然似ていない。何より根府川石には、白っぽい縞状の模様がない。

根府川石採石地（神奈川県小田原市）

小松石採石場（神奈川県真鶴）

仙台石は、宮城県石巻市井内で産出する巨石で、現在「稲井石」と呼ばれているものである。かつてこの地は陸前の国といわれ、仙台藩の領地であったので「仙台石」と呼ばれ、首都圏に運ばれて来た。私は自家用車で東京から東北自動車道で仙台まで行き、松島と石巻市街地を経

仙台石（稲井石）採石地（宮城県石巻市）

て、旧北上川に架かる石巻大橋を渡りこの川沿いに井内の街に入ったが、石の街だけあって石屋さんが何件も軒を連ねていた。稲井石をかつて採石していたという山崖のすぐそばに、旧北上川が滔々と流れている景色が印象的であった。

町の中央にあるJR石巻線・陸前稲井駅に向かうと、その目の前にも稲井石の工場があり、碑に加工する前の大きな原石が積まれていた。稲井石は明治になり巨碑が盛んに建碑されるようになると、巨大な板状の碑石を作るのに最適とされ、この石が盛んに用いられるようになった。

井内の岩石層は、三畳紀の砂質粘板岩が広く分布している。この砂質粘板岩が稲井石である。石質は、硬軟の中間であり、黒色または暗い灰色をし、白っぽい縞状の美しい層理が見られるのを特徴としている。石巻市稲井商工会のホームページによると、掘削には極力音を出さないように黒色火薬の発破を利用するという。昔から音を出さないようにすることが掘削職人の技といい、ここの岩層から時々アンモナイトの化石が発見されるということである。

切り出された稲井石の一部の縁部分にも鉄錆色の独特な色が出ることがあるところは根府川石と似ていると感じた。松本訓導碑の碑石は、石肌といい、縞模様といい、稲井石の特徴がよく出ていると実感した。石巻市の井内を訪れたのは、東日本大震災前年の夏であった。

十、揮毫者・岡田起作について

この碑本文の謹厳な楷書を揮毫したのは岡田起作である。岡田は、嘉永五年（一八五二）に生まれ、昭和十九年（一九四四）一月三十一日に九十三歳で亡くなった習字教育つまり今日の書道教育の専門家である。現在の京都府舞鶴の出身で、号は濯水(たくすい)といい、重野成斉や三島中洲に漢学を学ぶ。漢学塾二松学舎の卒業生である。

岡田は、書は、はじめ和様を学び、仮名を得意としたが、後に中国唐時代等の碑帖の技法に目を向けた。自身で「予は明治十年の頃東京に来り、市中の古本屋で法帖を買集めて沢山所有して居ります。其の当時は其の法帖の善悪も分らず、顔真卿の法帖といへば皆立派なものと思ひ、欧陽詢、褚遂良等の法帖なども買ひ集めた数は鮮（すくな）くないのです」と述べている。明治十年は、岡田が二十六歳頃である。上京後は、この唐時代の三人の大家の書を好んで学習していることが判る。

文部省教員検定試験（略して文検）が明治十八年（一八八五）から昭和二十三年（一九四八年）までの六十三年間にわたり施行された。文検とは、中学校や師範学校の教員の資格を与える検定試験である。

明治時代になり、学校制度は小学校・中学校・師範学校・大学等が設けられたが、中学校・師範学校の教師の有資格者が乏しく、これを補うために、明治十七年（一八八四）八月十三日、「中学校師範学校教員免許規程」が定められた。その第三条に「学力ノ検定ハ試験ニ依ルモノトス」とあり、明治十八年（一八八五）三月、第一回学力検定試験が施行された。

中学校・師範学校の習字科教員として教職に就くためには、この文検習字科の試験に合格する必要があった。この検定試験の合格率はたった五パーセントであったという。きわめて難易度の高い試験であった。現在のように大学の教員養成課程で四年間以上かけてじっくりと学習するのではなく、たった一回の試験で合格しさえすれば、中学校（現在の高校）や師範学校等の教員になれたので、厳しくても当たり前といえよう。

明治十八年、岡田が三十四歳の時、この第一回文検を受験した。一科目だけでも大変なのに、なんと三科（修身・漢文・習字）とも合格したという努力の人であり、秀才であった。合格後、岡田起作は、東京女子高等師範学校（後のお茶の水女子大学）講師、教授や東京美術学校（東京芸術大学）等の教員となり、これらを拠点として、習字教育に情熱を注ぎ、書に関する著作にも励んだのである。そしてのちに、自らも文検習字検定委員となるのである。

書は、はじめ和様を学び仮名を得意とし、中国唐時代等の碑帖の技法にも目を向け、また石碑の揮毫もよくした。岡田が「松本訓導殉難碑」を書いたのは六十九歳の頃である。

岡田六十二歳の著『習字新法』のなかに「碑文浄書などの時」の項目があり、

「碑文浄書などの大切な認(したた)めものを為す場合は、実に容易の事ではありません。まず一通り認めて之を書斎に張り置き、日夜古書を習ひ、自分の認めた書に悪き所があれば、気が付く毎に朱を以て直し、度々直して遂にその余白がなく真赤(まっか)になれば、又書き改めて前の如く張り付置き、時々悪き箇所を直すのです。彼様にすれば書き改むる毎に漸々(ぜんぜん)と能くなる訳です。これは書の揮毫のみではない、文を作る上にも彼様の工夫は在るものださうです」と記している。できた作品を書斎の壁に貼っておき、その作品を眺めるごとに、気付いた箇所を朱墨で直していく、それを真っ赤になるまで繰り返す。そして書き直してまた同じ事を納得がいくまで繰り返す。妥協を許さず完璧を目指す姿勢がよく判る。

また、「習字教師は淵源のある書をかくべき事」と題し、「書は自己の性情を表彰するものです。それ故自己の性質に近い法帖によって練習し、苟も人を教ふる責任あるものは具眼者から見ばれ（ママ）直にその淵源の分るやうな（顔法とか褚法とか欧法とかいふやうな）字体を認むべき筈です。決して時流を逐ひ世に衒ふやうな淵源のない字体を書くべきものではありません」とも記している。「見ばれ」に付したルビの「ママ」とは引用した「原文のまま」の意味を表す論文などでよく見かける表示方法で、これは「見れば」の誤植である。

唐時代においては「唐の四大家」といわれる中国書道史上有名な四人の書家がいた。その四人が、欧陽詢・虞世南・褚遂良・顔真卿である。ここでいう「顔法」とは顔真卿、「褚法」とは褚遂良、「欧法」とは欧陽詢の書法のことをいう。岡田のこの文章に登場する順番から〔1〕顔真卿、〔2〕褚遂良、〔3〕欧陽詢の順に岡田は好んだらしいということが読みとれる。一般的に文章に人名を記述する時は、生まれた年代順にするか、五十音順にする場合が多いが、そうではない場合は、好きな順、つまり本人の好みの順に記す可能性が多大であるからである。

岡田はいろいろな石碑本文の書を依頼され揮毫した。松本訓導殉難碑本文は〔1〕の顔真卿の書法で書かれている。同じく岡田起作書の黒田定治君碑（東京都中野区・区立百観音公園内）〔注7〕の本文は、漢字カタカナ交じりの文章であるが、〔1〕の顔真卿の書法で揮毫している。正

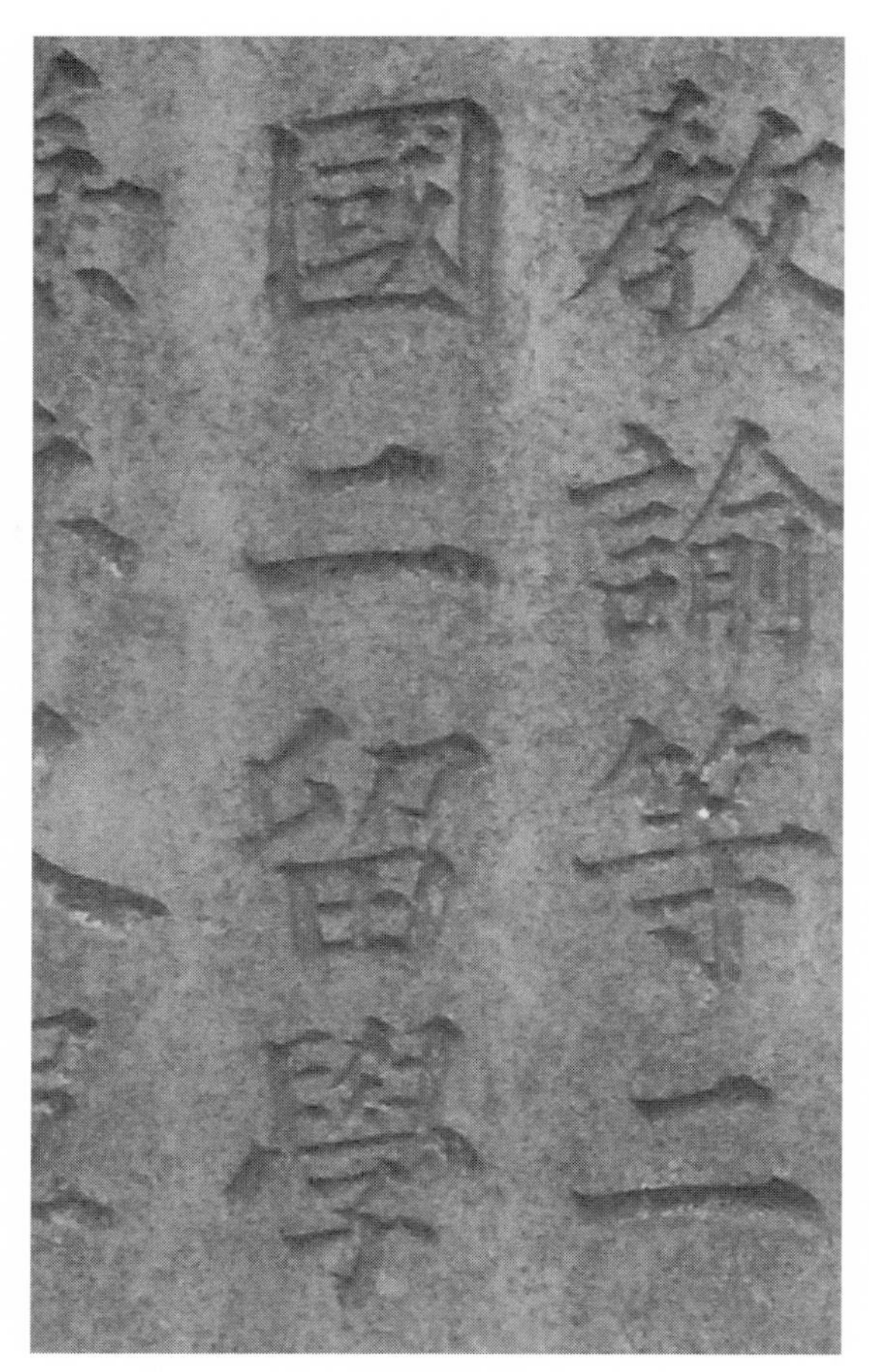

黒田定治君碑
（東京都中野区・区立百観音公園）

方形的な外形の楷書体である。

しかし、「小川村開拓碑」（東京都小平市・小平神明宮内、大正七年）は、漢文で起草された本文を〔1〕の顔真卿の書法で揮毫しているようにも見え、〔2〕の褚遂良の書法を加味したようにも見える書風で書かれている。いうなれば、顔法と褚法をうまく融合させたような書風で書か

小川村開拓碑（東京都小平市・小平神明宮内）

れている。穂先の鋭い筆を用いて書かれているため、部分的に欧陽詢の九成宮にも見える箇所が存在する。この碑の篆額は当時の総理大臣・寺内正毅（てらうちまさたけ）、本文の漢文を岡田の漢文の師・三島が起草していることからも岡田にとって渾身の力を込めて揮毫されたものであることが窺える。

この碑は、松本訓導碑と同様ないわゆる中国風の伝統的な碑形式だが、碑石台石の周囲に黒いゴツゴツとした異様な火山岩を配している点が異なる。台石の周囲を火山の溶岩が冷えて固まった火山岩で囲む慣習は、この碑だけではなく、東京の戦前に建てられた碑に時々見られる特徴の一つである。仙境の雲を表しているのか、富士山頂を表しているのか、とに

小川村開拓碑（東京都小平市・小平神明宮内）

かく神聖な意味を込めているものと思われる。

ところで岡田といえば顔真卿の書風が頭をよぎるが、多磨霊園を歩いていると、岡田揮毫による、〔2〕の褚遂良・雁塔聖教序の書法を全面的に取り入れた石碑「清溪山井先生墓碑」を見つけた。

また、東京向島の三囲神社境内には、行草体の漢字仮名交じりの書で揮毫された岡田起作書

清溪山井先生墓碑
（多磨墓地）

丹の「普國警察大尉ヘーン君表功碑」がある。岡田は、教育者として活躍する傍らで、碑文本文の揮毫作家として当時かなり人気が高かったことも窺える。ちなみに書丹とは、紙の上に書かずに碑石に直接、朱墨等で揮毫して刻されたものをいう。

ところで、ここにも、もう一人・虞世南の書法の「虞法」がないことに気付く。おそらく虞法は、岡田の言を借りれば、「とかいうふやうな」のなかに含めてしまったものとも考えられる。虞法は、もともとの王義之を基調とした岡田の書風に似ていたので、あえて強烈な個性が新鮮に映った他の三人の書風ほど興味を示さなかったとみられよう。

岡田は、「揮毫によりて文章の疵を発見す」という文章のなかでは、

「或る友人、碑文を作って十分推敲の上、最早これで一点の非難もないと信じて、予に揮毫を依頼いたしました。予は直ちに揮毫して持参すると、其の友人は再三黙読して居りましたが、やがて君の揮毫によってこの文の疵を発見したと申しました。実に此等は文と書とを対照して文の疵を見出せるもので、誠に面白い事です。予が碑文等を揮毫するにも、上手な人の文章は調子よく書けるやうな感じがします」と記している。「文章の疵」とは、文章の誤ちのことである。この文章も岡田の石碑揮毫の心得のひとつを表すものとしてここに記載しておく。

また、岡田は、「手本を認めて生徒に習はせるのに、手本がスラリと思ふ様に出来て居れば生徒の清書も自然差障りなく出来るものです。若し生徒の清書に甚しい不恰好な所があったら、

それはたしかに手本に疵があるのです。手本に少しの疵があれば、生徒はそれを一層甚だしく認めるものです。兎角人には微しても疵があれば、それが一層大きくなって露れるのです。弱身へ付込むとでもいふのでせう」と述べている。「手本の疵」とは「手本を書いたときに起こりうる、許容範囲だけれど微妙な誤りとも受け取れる点」のこと。かつて、教員になりたての頃、書写の授業で教えていた中学一年生に、手本を書いて渡したとき、同じような経験をしたことがある。私は、出してはいけない筆画をほんの少し出してしまった。すると生徒は、出すべきものと思い、大いにそこを強調して書いてきたのである。この時、生徒は、教師自身がちょっとまずかったと思ったことをより強調して映してくれる鏡のようなものであると痛感した。それ以後、生徒が謬りやすい場所は、私自身も特に慎重に揮毫する習慣を会得したのであった。石碑の文字は、書いた人とは異なった刻す人が介在して完成するものである。刻す人つまり石匠が間違えないように判りやすく書く事が重要で、生徒に手本を書く以上に細かい点に慎重に気配りをせざるを得ない。

岡田は、「予に書の揮毫を依頼するもの、自作の詩歌ならば此の上なしといふ人があります。されど予は元より詩歌などの嗜みは固よりありません。よしありとしても世間に出しては一文の価値もありません。之を点数にて表はせば仮りに自分の書を百点とすれば自作の詩は〇点です。されば若し自作の詩歌を認めると、この百点と〇点との平均点で五十点となります。自作の詩歌を認めた為めに自分の書は実の価値の半分となります。誠に愚な事ではありませんか。かかることは依頼する人も愚ですが、書く者もまた己れを知らぬと云ふ誹は免かれません」と言う。岡田は、自作の詩文書を書くという行為は、よっぽど詩歌の方も修行した者でないとよしとしていないことが分かる。

岡田は、女子高等師範学校の教員だったので、当時の上流階級の子女たちの書を見たり、過去の歴史を知る機会も多分にあったことと思われる。「旧幕府時代三百諸侯の奥向には、女祐筆といふものがありました。女祐筆の務として種々奥向の認めものがありますが、主として姫君方の手習の師匠です。諸侯の姫君たちは非常に習字を勉強せられた趣です。その一年中の大試験といふのは年始状の認め方です。此の手紙は大奉書に五段或いは七段の散らし文に認めるもので、なかなか骨の折れたものだと申します。正月に諸大名の親戚方にて年始状の遣り取りがあります。その来た年始状を集めて様々と批評などして、当春は何家の姫君の成績が第一だなどと評することがあったさうです。さればその姫君達の一年中に於ける日課は、習字が大部分を占めて居たということを承りました」と述べている。幕末の習字の様子の一端を垣間見る記述として面白い。

岡田は、高等師範学校の教員であったので、学校教育における当時の「習字」教育についてもいろいろな見解を述べている。「福沢先生が世界国尽といふ著書を巻菱湖翁に揮毫せしめられた事があります。明治六七年の頃、全国小学校の習字帖は殆ど此の書を用いたと記憶しています。維新の際には百事改まりまして、旧習打破の声が高く、書なども旧幕時代の官府文字であったお家流は廃れて、支那流の覇気勃々たる宋時代の書が流行致しました。（当時の豪傑連が鬱気をはらすため、席上揮毫の催しが非常に盛であったさうです）福沢先生の烱眼は、早くも子供に彼様な書を習はせては百害ありて一得なしと思惟せられ、さてこそ巻菱湖翁の書を採用せられたのです」と記している。確かに福沢諭吉の有名な著書の一つ『世界国尽』の本文の文字は巻菱湖風な書風で書かれ、木版で摺られていることは事実だが、この出版年は明治二年であり、巻菱湖は安永六年生まれで天保十四年（一八四三）に亡くなっているので、巻菱湖翁の書という言は勘違いである。

著書は以下の通りである。

〔1〕『行書蘭亭帖』岡田木斎（起作）普及舎　明治二十七年（四十三歳）
〔2〕『からすまる帖』岡田起作　晩成処　明治三十二年（四十八歳）
〔3〕『女子書翰文』岡田起作、杉山辰之助ほか　明治三十九年（五十五歳）
〔4〕『女子消息ゆきかひぶり』平野のち他　大野書店　明治四十年（五十六歳）
〔5〕『習字新法』岡田起作　文会堂書店　大正二年（六十二歳）

〔6〕『かな帖』岡田起作　三成堂書店　昭和四年（七十九歳）

〔7〕『元亨帖』岡田起作　三成堂書店　昭和四年

〔8〕『女子書翰文』後閑菊野、佐々木君代他　三成社　昭和四年

〔9〕『赤壁帖』岡田起作　三成堂書店　昭和四年

〔10〕『草海』岡田起作　三成堂書店　昭和四年

〔11〕『女子の手紙』後閑菊野、佐々木君代他　三成社　昭和五年（八十歳）

〔12〕『中等新習字帖』岡田起作　三成社　昭和六年（八十一歳）

〔13〕『蘭亭記』岡田起作　三成堂書店　昭和七年（八十二歳）

〔14〕『昼錦堂記』岡田起作　三成社　昭和九年（八十四歳）

岡田起作は、母校の二松学舎理事も務めたが、昭和十九年一月三十一日に麹町区の自宅で死去した。同年二月一日の「朝日新聞」に「五十年女高範で書道を教授した篤実な教育家」と記されている。

十一、松本訓導殉難碑本文の書の特徴

A　顔真卿「多宝塔碑」との書風比較

この石碑本文の書風は、顔真卿の書のなかでも特に「多宝塔碑」の書風によく似ている。揮毫した岡田起作は、唐時代に活躍した顔真卿（七〇九〜七八五）の書が好きであったことは、先に述べた。顔真卿の楷書の字形の特徴は、中心がビヤ樽のようにふくらんだ紡錘形の「向勢」で、総じて起筆が蚕の頭のように丸く、右払いが燕の尾のような形であることから「蚕頭燕尾」といわれる。しかし、この天宝十一年（七五二）に建てられた多宝塔碑は、顔真卿四十四歳の時の書、いうなれば、まだ壮年期の書であるため、晩年の書に見られるような強い「向勢」の字形ではない。よく見ると「蚕頭」と「燕尾」の筆法は見られるが、燕尾の箇所はまだわずかである。

「多宝塔碑」は、顔真卿が、王羲之の書をよく学習した片鱗を残す書としても有名であり、長安（現在の陝西省西安）近くの千福寺に楚金禅師が舎利塔を建てた経緯を勅命によって記したものである。最初は、この千福寺にあったが移動され、現在は、陝西省博物館の西安碑林のなかに立っているものである。

〔特徴1〕「二点しんにゅう」を共に用いている

今日の字形に慣れた者から見ると、少し違和感を感じる「二点しんにゅう」は、実はこの「多宝塔碑」の字形の大きな特徴の一つでもある。戦前に学校教育を受けた人は、「単なる旧字体を使用していた頃の字形でしょう」と考えてしまいがちだが、そう簡単に片付けてしまえないのがこの「二点しんにゅう」なのである。なぜなら、中国の歴史の上で楷書が生まれた時代から今日までの、石碑等に刻され残る名筆といわれる手書き文字の上での楷書の「しんにゅう」では、ほとんどが「一点しんにゅう」であったからである。少数派であった「二点しんにゅう」をなぜ、顔真卿はあえて用いたのか、考えてみたい。

一つにそれは、顔真卿が、文字学に詳しい学者を輩出した一族の家に生まれ、その薫陶を多分に受け、自身も文字学を学び、字形に対して深い造詣を持つほどであったからと考えられる。

ここでその一族のことについて触れると、その伯父・顔元孫は、異体字を整理して、「俗・通・正」の三種類に分類した字書『干禄字書』を著した学者として有名であった。顔元孫の定義によれば、正字として分類されている字体こそが、確実な根拠を持つ由緒正しい字形であり、公的な文書や官吏登用試験の科挙の採点基準にはこれを用いるべきであると考えていた。一方で、通用字は、長年習慣的に通用してきた字形であり、通常の仕事や私的な手紙を書く時などは差し支えない字形とした。俗字は、一般の人々が使用してきた字形で、日常的・私的な使用は良いが、公文書で用いるべきではないとした。どの字形が正しいのかを示す、つまり正字を広めることが目的であった。

岡田起作書 松本訓導碑

顔真卿書・多宝塔碑

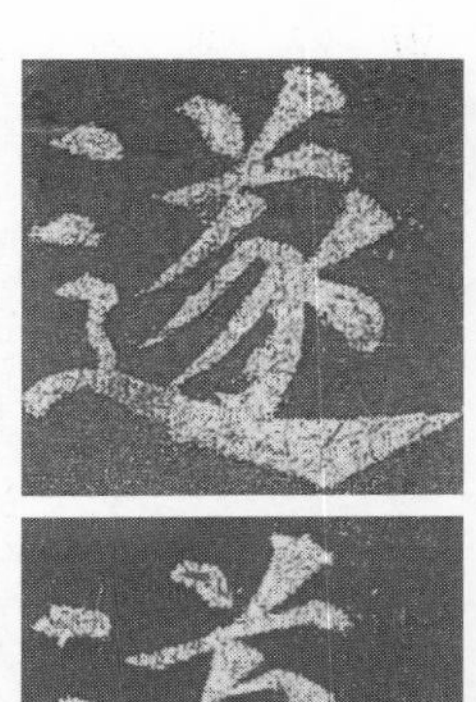

干禄字書の先駆となるものに漢字の正俗の字形を判定した『顔氏字様』があった。これは、顔元孫の祖父の兄でやはり有名な学者であった顔師古が著したものであった。『干禄字書』や『顔氏字様』は、主としてこれよりも更に前の漢時代に著され漢字の字源を説いた『説文解字』や当時の経書などを元に、秦時代に制定された「小篆」の字体等を参考にし、そこから類推される楷書の字形を「正字」と考えたようである。小篆の「しんにゅう」は、「辵」という字形である。二点しんにゅうはこの字形から類推されたものである。

そこで、てっきり「二点しんにゅう」は、『干禄字書』中の字形かと考え、影印本を実際に開いてみた。すると、何と「一点しんにゅう」で記されているのには驚いた。「二点しんにゅう」は、当時すでに二種類あった「しんにゅう」のうち、顔真卿自身が正しい字形として、こだわって書いたものらしいことが窺えた。

唐時代の書家としても名高い顔真卿がこの字形を好んで書いて、その書体が広く普及したため、のちに大きな影響を与えたのではなかろうか。その影響の一端が、清時代に本格的な漢和字典として編纂された『康熙字典』での「二点しんにゅう」の採用であったと思われる。『康熙字典』は、今日のわが国における漢和字典の祖となったものである。

〔特徴2〕「多宝塔碑」と全体感が似ている

岡田は、松本訓導殉難碑の書風と字形から、「多宝塔碑」を好み、よく臨書し、学習していたことが判る。ここでは、まず、岡田の書である松本訓導殉難碑の文字の字形と、多宝塔碑の文字の字形を比較してみることにする。

ここに挙げた「觀感童樹」は、字形が非常によく似ている。強いて相違点を挙げるとすると、

岡田起作書 松本訓導碑

顔真卿書・多宝塔碑

岡田起作書 松本訓導碑

顔真卿書・多宝塔碑

「長い横画」の運筆のリズムおよび太細の差が、岡田の方が穏やかな点であろう。

〔特徴3〕年と十は、縦画の収筆が同一

「十」の最終画の収筆は止め、「年」の最終画の収筆はスーッと抜いている。字形の相似だけではなく、この筆法が両者とも全く同じなのである。ここからも本碑は、岡田が「多宝塔碑」の臨書学習をよくした足跡を示す証拠であるといえる。

〔特徴4〕多宝塔碑の書風を取り入れつつも岡田自身の個性を加えている

この石碑を揮毫するにあたって、多宝塔碑とほぼ同じ字形の文字を書くだけではなく、多宝塔碑の要素を取り入れつつも岡田自身の個性を加えているものが見られる。強く加味したものを〔a〕に分類してみた。

〔a〕
岡田起作書 松本訓導碑

〔a〕
顔真卿書・多宝塔碑

「流」は七・八・九画目を強くし、「也」は二画目を強い直線で表現、「不」は三画目の「はね」を強くし、「相」は縦画に肥瘦をあまり加えずやや太めに表現している。

次の〔b〕は個性をわずかに加味したものを分類し比較してみた。「而」は五画目を直線に、「水」は二画目の左払いを太くし、「有」は「月」をやや重心を下げて表現している。

〔b〕
岡田起作書 松本訓導碑

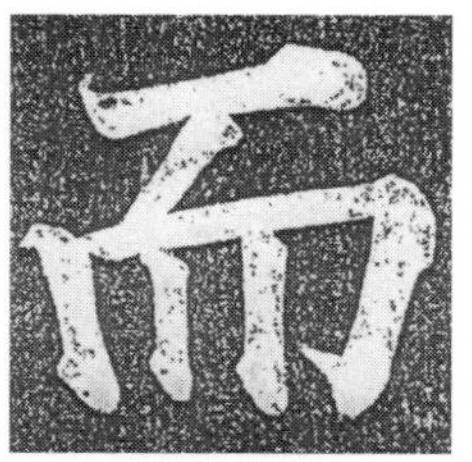

〔b〕
顔真卿書・多宝塔碑

〔特徴5〕特徴ある書法――縦画収筆部と横画等との接し方

次に、松本訓導殉難碑に見られる特徴のある書法として、縦画収筆部と横画等との接し方が挙げられる。多宝塔碑の「士」と岡田の「士」を比較すると、縦画収筆部と横画等との接し方が、明らかに異なる。多宝塔碑は、しっかりと接しているのに対し、松本訓導殉難碑の方は、しっ

折れて右上に払う画
縦から横への折れ
縦画と横画の接し方

かりと接するのではなく、収筆部の先端右側のみを接し、先端左部は斜めに切ったように空けているのである。

それは、縦から横への「折れ」の部分にも応用していることが判る。縦画から折れて右上に跳ね上げる箇所も同様である。これは、紙に書く文字以上に岡田が、石に刻むための文字ということを意識したためだと私は考える。石に刻む文字の場合、なるべく刻された文字が風化して欠けにくいように、配慮して揮毫しなければならない。その工夫というか隠し技が、この書法であるといえよう。一見奇異のようだが、石の性質を心得た、石碑揮毫に熟達した技の持ち主と思った。

B「九成宮醴泉銘」と字形が似ているもの

松本訓導殉難碑は、顔真卿の「多宝塔碑」だけではなく、整斉でありかつ背勢の字形の欧陽詢「九成宮醴泉銘」と字形がよく似ているものもある。背勢とは、向勢の逆で中心部がくびれているような字形のことである。松本訓導碑の「月・養」は、背勢(はいせい)の字形が顕著であり、「之」はバランスのとり方がよく似ている。

「日」については、三画目を、九成宮では点として中心に打っているが、松本訓導碑の方は、

岡田起作書・松本訓導碑

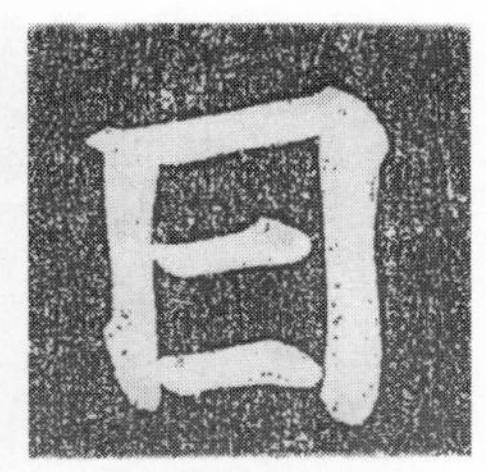

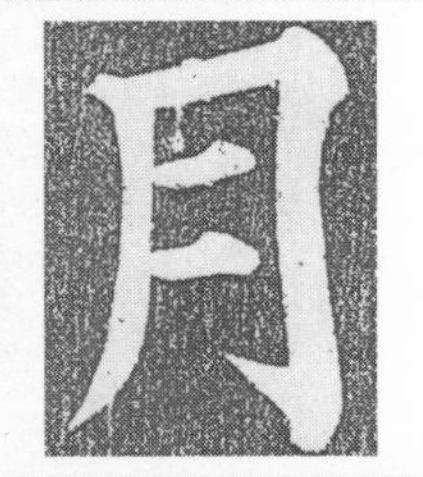

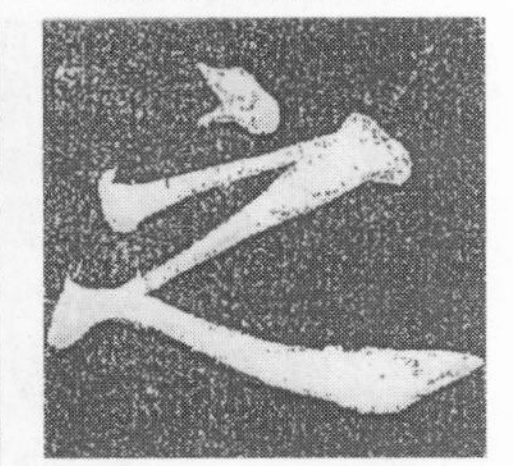

欧陽詢書・九成宮醴泉銘

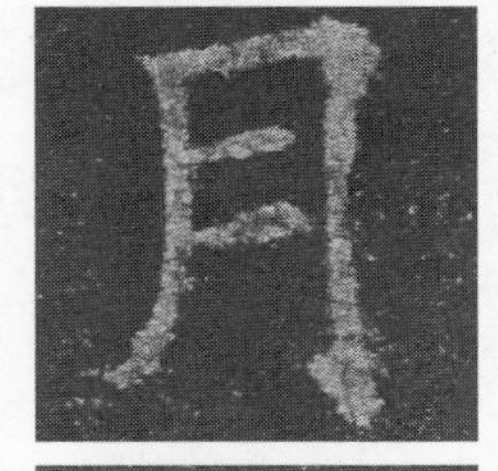

三画目を短い横画としつつも、左右を少し開けているところや二画目と四画目の横画の方向が、九成宮と同じである。

C　多宝塔碑以外の顔真卿の碑と字形が似ているもの

「多宝塔」以外の顔真卿の碑と字形が似ているものを次に挙げる。

岡田起作書・松本訓導碑

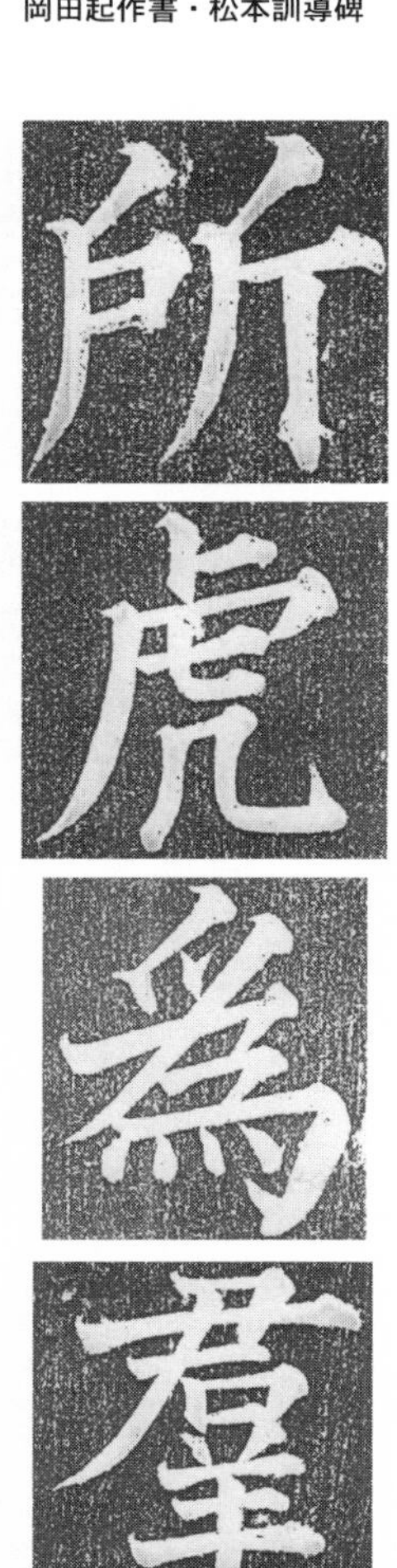

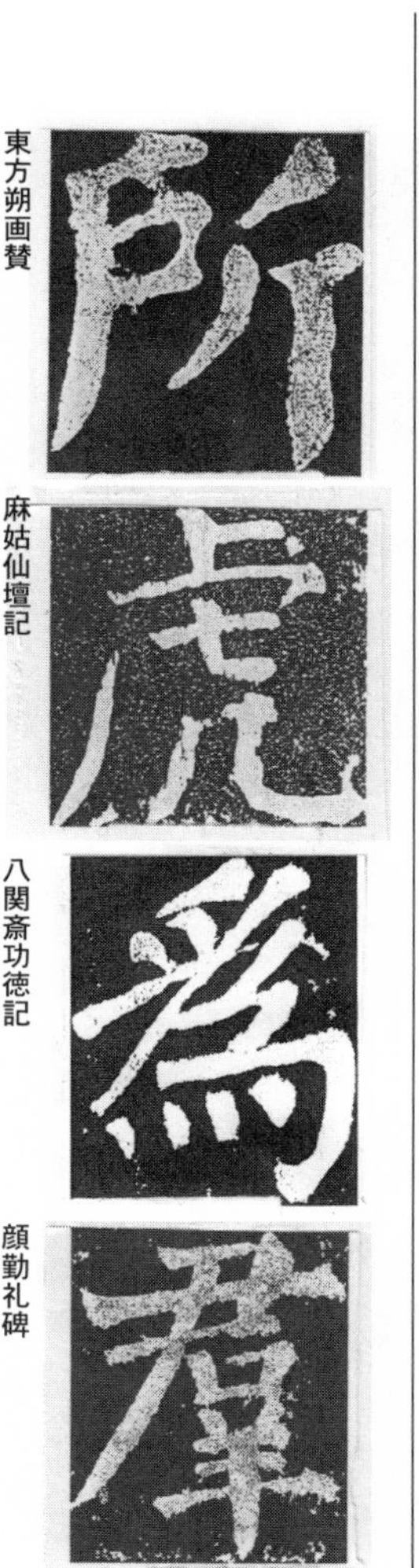

東方朔画賛

麻姑仙壇記

八関斎功徳記

顔勤礼碑

D　変わった字形の由来について

岡田の「卑」字の左はらい「丿」の画がとても長い。これは小篆（説文）の字形を取り入れて楷書を書いていることを物語る一例といえよう。

岡田起作書・松本訓導碑

顔勤礼碑

衡方碑

説文

十二、松本訓導碑と太宰治の関係・小説「乞食学生」

次に松本訓導碑と太宰治との関係について述べたい。太宰の小説「乞食学生」（昭和十五年）に玉川上水と松本訓導とが登場する。以下この小説が関係する部分を抜粋する。

……私は、家の方角とは反対の、玉川上水の土堤（どて）のはうへ歩いていつた。四月なかば、ひるごろの事である。頭を挙げて見ると、玉川上水は深くゆるゆると流れて、両岸の桜は、もう葉桜になつてゐて真青に茂り合ひ、青い枝葉が両側から覆ひかぶさり、青葉のトンネルのやうである。ひつそりしてゐる。ああ、こんな小説が書きたい。こんな作品がいいのだ。なんの作意も無い。私は立ちどまつて、なほ、よく見てゐたい誘惑を感じたが、自分の、だらしない感傷を恥づかしく思ひ、その光るばかりの緑のトンネルを、ちらと見たばかりで、流れに沿うて土堤の上を、のろのろ歩きつづけた。だんだん歩調が早くなる。流れが、私をひきずるのだ。水は幽（かす）かに濁りながら、点々と、薄よごれた花びらを浮かべ、音も無く

玉川上水・むらさき橋架橋工事（昭和 30 年）
この近くに、生前太宰治が住み、よくこの上水沿いの道を散歩していたという。
この写真は太宰が散歩していた頃の風景のおもかげをよく残している。（武蔵野市提供）

滑り流れてゐる。私は、流れてゆく桜の花びらを、いつのまにか、追ひかけてゐるのだ。ばかのやうに、せつせと歩きつづけてゐるのだ。その一群の花弁（はなびら）は、のろくなつたり、早くなつたり、けれども停滞せず、狡猾（かうくわつ）に身軽くするする流れてゆく。万助橋（まんすけばし）を過ぎ、もう、ここは井の頭公園の裏である。私は、なほも流れに沿うて、一心不乱に歩きつづける。この辺で、むかし松本訓導といふ優しい先生が、教へ子を救はうとして、かへつて自分が溺死なされた。川幅は、こんなに狭いが、ひどく深く、流

れの力も強いといふ話である。この土地の人は、この川を、人喰ひ川と呼んで、恐怖してゐる。私は、少し疲れた。花びらを追ふ事を、あきらめて、ゆつくり歩いた。たちまち一群の花びらは、流れて遠のき、きらと陽に白く小さく光つて見えなくなつた。私は、意味の無い溜息(ためいき)を、ほつと吐いて、手のひらで額(ひたい)の汗を拭ひ払つた時、すぐ足もとで、わあ寒い！　といふ叫び声が。

私は、もちろん驚いた。尻餅をつかんばかりに、驚いた。人喰い川を、真白い全裸の少年が泳いでゐる。いや、押し流されてゐる。頭を水面に、すつと高く出し、にこにこ笑ひながら、わあ寒い、寒いなあ、と言ひ私のはうを振り向き振り向き、みるみる下流に押し流されて行つた。私は、わけもわからず走り出した。大事件だ。あれは、溺死するにきまつてゐる。私は、泳げないが、でも、見てゐるわけにはいかぬ。私は、いつ死んだつて、惜しくないからだである。……

ここには、「玉川上水は深くゆるゆると流れて」など当時の玉川上水の様子がよく描かれている。

ゴシック体にしてみた部分が松本訓導殉難碑に刻された内容と同じである。ここにも「人喰ひ川」という単語が出てくる。「喰」は「食」と同義に用いられた漢字であるが、意味は「くらう」で「食べる」より、いっそうおどろおどろしい感じがただよう。太宰の散歩道にあったこの碑の前に立ち、碑文を読み、自身の小説に取り入れたと考えられる。

現在、羽村の取水口から小平監視所までは、多摩川の源水が流れているが、この源水は、小平監視所より下流は、多摩川の原水ではなく、再生水が流され、深さも三〇センチほどと浅く、静かな小川のようである。

十三、碑の刻者・井亀泉

碑の刻者は「井亀泉」である。これは、「せいきせん」とよむ。初めて聞いた人は変わった名前だなと思われるだろう。これは、酒井八右衛門の屋号である。

江戸時代から昭和の初期にかけては、とても多くの手彫りの石工が活躍していた。特に明治二十年代後半あたりから建碑の流行が始まる。明治天皇による「神道碑建設の勅命」があったことも見逃せない。近藤高史氏は、「漢詩文の流行や国家主義精神の芽生え、そしてようやく頭をもたげる碑学への志向など」が重なって建碑が盛んになったと述べている。

巨大な中国風な形式の石碑が建碑される風潮が高まると優秀な手彫りの技を持った石工たち

「水道碑記」金井之恭の書

は腕の見せ所とばかりにその技術研鑽に励み、その結果、名だたる石工やその集団が現れ、全盛期をみせるが、昭和になり、文字彫刻に安くて早く素人目にはきれいに見える「機械彫り」が導入され広まると一気に手彫りの技は衰退する。手彫り全盛の時代、そのなかで特に有名だったのが廣群鶴、宮亀年、田鶴年、窪世祥、井亀泉などという名前（屋号）で活躍していた、御

井亀泉の刻「水道碑記」
明治28年建碑・高さ四・六メートル（東京都新宿区内藤町）
書は金井之恭、篆額の書は徳川家達。玉川上水記念碑ともいう。東京都指定有形文化財。

「水道碑記」徳川家達書の篆額

碑銘彫刻師といわれた石工たちであった。それぞれ名字から好きな漢字を一字取り、一字の姓とし、二文字の雅号をつけて、中国風な三文字の姓号としていた。漢字三文字の中国風な名にする方法はいくつかあるが、第三節の末尾で述べた「細田謙」の場合と同様である。石工という仕事は、とても根気と高い技術の継承が必要な仕事だったので、これらの有名な石工たちに共通することは実子よりも優秀な弟子に家督を継がせたということである。

酒井八右衛門は、二代目に養子を迎えて以来四代まで続いたといわれている。独立した弟子たちは、井亀泉の「泉」の一字を頂戴し、「保泉」「喜泉」「玉泉」「豊泉」などと称して活躍した。酒井八右衛門は、石碑を刻した時は、「井亀泉」と称し、鳥居や狛犬を刻した時は、酒井八右衛門と刻した。初代酒井八右衛門（井亀泉）は明治四十一年に亡くなり、名人といわれた二代酒井八右衛門（井亀泉）は大正七年に亡くなっている。この碑が建てられたのは、大正九年なので三代目酒井八右衛門（井亀泉）の頃ということになる。

井亀泉については、森章二著「碑刻」がとても詳しい。

これによると、石工は八年の修行を終えると一人前になり、ほとんどは国元に帰り業に励むが、これからが本当の修行のはじめと考え、あちこちの親方を尋ねては腕を磨く石工がいたという。そこで最高の腕前と評されていたのが井亀泉であったといい、腕が立ち更に腕を磨こうという石工たちが集まって来たという。井亀泉の元に入門すると最初、題額の「梨地打ち」をする仕事から始まり、それを一年間は続けさせられたという。他で修行した巧みな石工でも文字を刻させてもらえるのはその後という。この一見知らない人にはあまり注目されない碑額の「梨地打ち」の箇所が実は次のステップである文字の彫刻に進ませてもらえるかどうかの大切な修行の第一歩であったのだ。

森氏は「井亀泉の碑には時として、題額の梨地打ちに惹きつけられる」と述べている。題額の陽刻された文字にのみ目が行きがちだが、文字の周囲の刻（梨地打ち）に注目してほしいと思う。

名人の誉れが高かった井亀泉という号は、三代目の頃になると、もはや石工職人個人の名ではなく、屋号となりひとつのブランド名として用いられ、優秀な職人によって質を保ち業を営んでいたということである。三代目の井亀泉は、親方として人望があり、目利きは非常に優れていたということである。

まとめ

碑石についてみると、関東以北では、稲井石、根府川石、関西以南では、御影石が代表である。手彫りの道具も、関東以北の「突き鏨」、関西の「タガネ」と異なっていた。建碑の流行と共にその技術は高まっていった。この松本訓導殉難碑は、稲井石で、突き鏨で、篠彫りで刻されたものである。碑面の平面部の石肌は、九十年の時を経て、多少の疵や風雨による肌荒れを感じるが、拓本を採拓して気がついたのだが刻面の文字の輪郭部分の面は、今なお鋭いことに驚くばかりである。さすが名人（一流ブランド）の刻と改めて感じ入った次第である。

注

〔注1〕鷹狩り。この時の「家光の鷹狩り」の獲物は、鹿四十三頭、兎一頭だったという。『徳川実記』の中の『大猷院御実記』巻五（寛永二年十一月）の記事中にある。井の頭恩賜公園管理事務所編『井の頭恩賜公園の歴史』による。

〔注2〕井の頭。「江戸名所図会」及び、同右による。

〔注3〕蓑田偶（たかし）『玉川上水　橋と碑と』による。

〔注4〕細田謙は、細田謙蔵のこと。

〔注5〕予告記事（「読売新聞」）では午後二時からとなっていたが変更になったようである。

〔注6〕「読売新聞」「紫鉛筆」大正九年十二月二日号による。

〔注7〕黒田定治君碑。岡田起作書のこの碑は篆額を備えた稲井石の堂々とした大きな碑であった。昨年私が見たとき、すでに長年の風雨による劣化で碑石に傷みが出始めていると思ったが、平成二十三年三月の東日本大震災で倒壊し大きく破損。とても残念ながら台石のみの姿となっていた。

第四章
桜樹接種碑考
小金井桜と下田半兵衛・賀陽玄雪の書

はじめに

国木田独歩桜橋畔文学碑のある桜橋より、さらに二キロほど玉川上水の上流に向かって歩いて行くと、五日市街道と隣接して延びる玉川上水沿いの緑道（散歩道）に、桜の花びらをイメージさせる一風変わった形の自然石の碑石に、毛筆文字で「さくら折べからず」と江戸時代の嘉永四年（一八五一）に刻された石碑がひっそりと立っている。嘉永年間の出来事といえば、ペリーの黒船来航（同六年・一八五三）が有名だが、まさに幕末に入ろうとする頃といえよう。

第二章で国木田独歩と最愛の人・信子との小金井の玉川上水堤でのデートについて記した。当時、この場所に植えられた上水北岸の桜の木々の一部は、まさにこれから述べる田無村（現在の西東京市田無）の名主下田半兵衛が尽力して植えた苗が大きく成長した頃に当たる。時は過ぎ

碑陽（原石）

明治の世となり、これらの桜樹の下を二人は（仲良く手をつないで？）語らいながら、この碑の近くを通り、桜橋へ向かったかと思うととてもロマンチックな気分になってくる。

私は、学生時代、小金井市に住んでいた。時間を見つけては市内外をよくサイクリングしていたが、この緑道を通るたびに、この珍しい碑形と、刻された達筆な美しい筆文字になぜか惹かれていた。それから約三十年の時を経て、武蔵野や西東京市の歴史に興味を持つようになりいろいろな史実等を探っていくと、この碑は江戸時代の小金井と田無の歴史を語る上でとても貴重なものであることが判った。これがこれから述べる桜樹接種碑である。

江戸中期から明治・大正・昭和にかけて江戸・東京の郊外で有名な桜の名所の一つが小金井であった。江戸時代には、庶民だけでなく武士や、時々大名や将軍家までやってきた。明治時代になると天皇や宮家なども観桜に訪れるようになるとさらに有名となり、花見の時期には多くの客たちでにぎわったという。

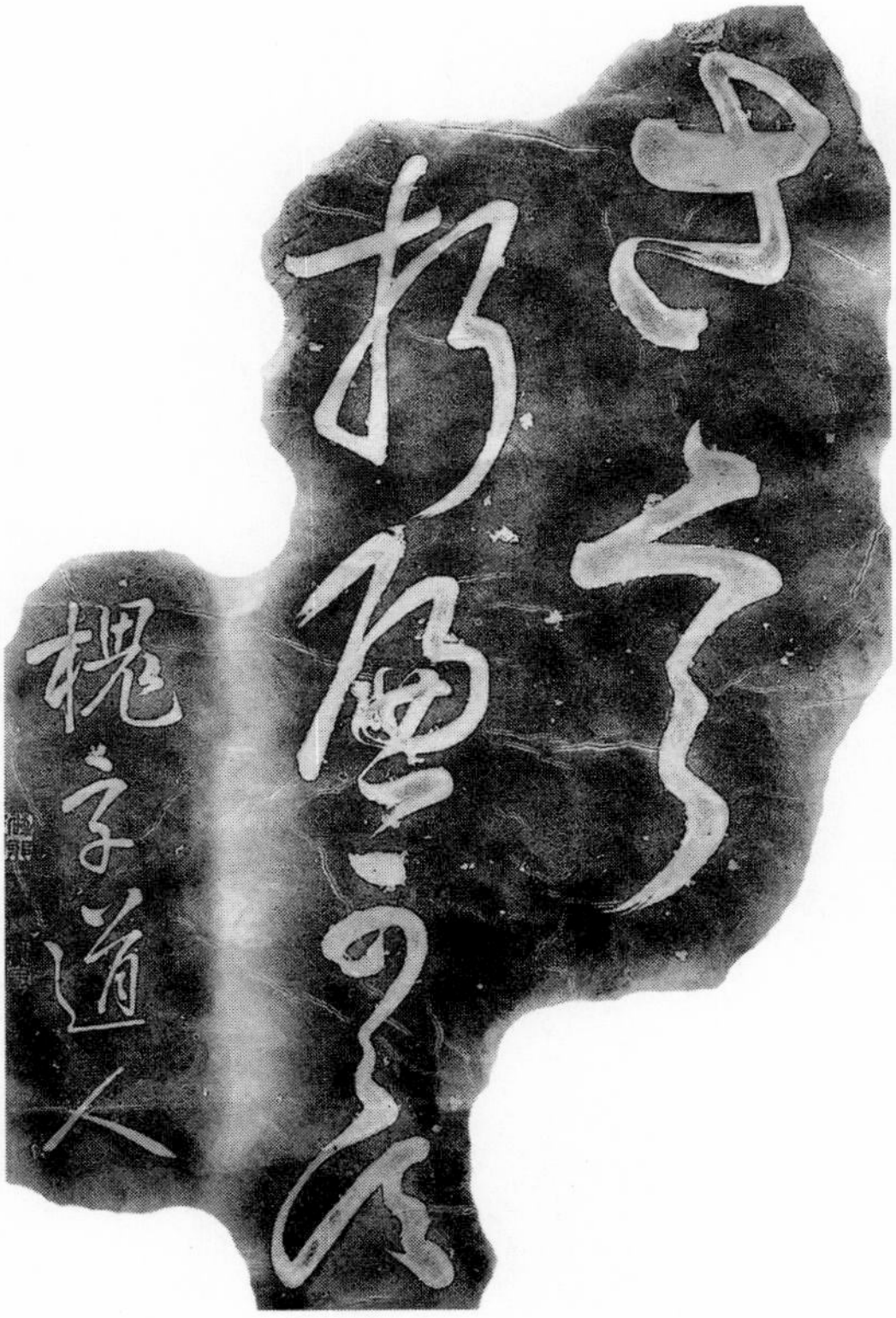

碑陽（拓本）

江戸時代後期、この桜並木を維持するため多大な尽力をした田無村名主・下田半兵衛と、この事跡を揮毫した医者であり、村一番の能書家として活躍した賀陽玄雪の書についてここでは述べる。

一、小金井桜と桜樹接種碑

江戸に飲み水を運ぶために掘削された玉川上水。その旧小川水衛所（小平市学園西町）から小金井橋（小金井市）を経て境橋までの両岸の土手（西東京市・武蔵野市）に植えられたヤマザクラの並木が次第に桜の名所として有名になっていった。これが小金井桜である。

ここは江戸時代の将軍吉宗の治世に武蔵野の新田開発を推進した川崎平右衛門定孝が植樹したのがはじめとされ、約六十年後の寛政九年（一七九七）公刊の大久保狹南著「武埜八景」に紹介されて以後、江戸からも多くの人々が花見に訪れるようになったという。江戸時代は徒歩や駕籠（かご）、または馬に乗って江戸の街から花見客がやってきた。

明治二十二年に鉄道が敷設されると、徒歩で訪れるよりも、東京の市内から鉄道に乗って訪れる人々がだんだん増えた。しかし、甲武鉄道開業当時は、境停車場（武蔵境駅）の次は、国分寺停車場（国分寺駅）であった。ゆえにお花見に行くにはどちらかの駅からの徒歩か人力車などに乗って行く方法しかなかったのである。大正十三年四月に花見の時期だけ開業する「小金井花期仮駅」が設置され、同年十二月に国の名勝「小金井（桜）」に指定されると、花見客がいっそう増え、大正十五年一月についに武蔵小金井駅が開業し今日に至るのである。大正十五年四月発行の東京市公園課編『小金井の櫻』によると、「東京市から小金井に至るには中央線電車に依るのが最も便利である。該電車は国分寺行が約廿四分間毎に東京駅から発車して、約一時間で武蔵境駅に達し、武蔵小金井、国分寺両駅へも一時二十分を出ずして達せられる。尚花期には臨時列車も発車する」とある。当時、東京駅から武蔵境駅までの乗車賃は片道三十五銭であったという。今では一般的に「小金井桜」というが、かつて「小金井」は、あまりにも桜で有名であったので、「小金井」と言えばイコール「桜」という意味も含んでいたという。そこで国の名勝「小金井（桜）」とネーミングされたとのことである。

ところが、近年の都市化、特にこの上水に隣接して存在する五日市街道の自動車の交通量の増加による大気汚染や、大型車による張り出した枝との接触、雑木の繁茂、及び桜樹自身の老朽化もあり枯れてしまうものが多くみられ、行政（都水道局・教育庁や小金井市など）の手で上水の土手の雑木等を整備したり、市民団体など市民たちの手でまた往年のような美しい桜並木を蘇えらせようという運動や試みが起っている。

また、玉川上水は、平成十五年（二〇〇三）に、国の史跡に指定され、東京都水道局は、平成十九年三月に「史跡玉川上水保存管理計画」、平成二十一年八月に「史跡玉川上水整備活用計画」を策定し、「玉川上水の整備活用」とともに「名勝小金井（桜）並木の保存・復活」が進められ今日に至っている。

なんとこの試みは近年が初めてではなく、今から約百七十年前の嘉永年間にも同じように衰えた桜並木を蘇生しようと尽力し実行した人々がいたのであった。

本稿は、江戸時代に建碑された「桜樹接種碑」の刻文の内容に注目しつつ嘉永年間の小金井桜の並木蘇生を実行した下田半兵衛富宅(とみいえ)と賀陽(かや)玄雪の書について考察したいと考える。

二、碑の位置とその周辺

玉川上水に架かる関野橋(小金井市)北側の土手上に整備された緑道を東へ五十メートルほど歩いた所(小金井市関野町一丁目三番)に「桜樹接種碑」はある。

この碑が建てられた頃、江戸の街から徒歩で訪れるにあたっては、いくつかのルートがあったかと思われるが、東西に長く延びる桜並木に、江戸から向かった客は、江戸から遠い西側からより、江戸に近い東側に位置する境橋付近から入ったと思われる。この石碑のある関野橋は比較的境橋から近い(約一キロ)。ゆえにこの碑は、小金井桜の入り口近くで散策する人々に注意喚起するための看板的なものであり、道しるべ的な役割を果たしていたものであったと考える。しかし、小金井花期仮駅ができ、間もなくしてこれが武蔵小金井駅に昇格すると、人の流

碑石側面と緑道（柵の左側・五日市街道、右側・玉川上水）

れ（導線）は一気に変わる。花見客の大半は、今までと異なり、この新駅を利用して小金井桜の花見の中心地である小金井橋付近にすぐに行ける近道を用いたことが往々にして想定でき、この碑の位置は、入り口に近かったものがなんと東の端となってしまうのである。近道ができ花見客にとっては楽になったが、この碑の位置まで歩いて訪れる人は以前より減ってしまったと推定する。明治から戦前にかけて、美しく花咲く立派な枝や幹の小金井桜の絵葉書がたくさん発行されたが、この石碑が写っているものを見つけることができなかった。碑の向きや、当時の並木道のどの位置に立っていたのか、砂利道だった五日市街道が現在の舗装道路となった時、道幅拡張による多少の移動等はなかったのかなどを知りたかったからである。小金井市文化財センターで、大正末年頃の同碑の表裏両面の写真図版が、東京市公園課編『小金井の櫻』の中に掲載されていることを教えていただき拝見した。すると、現在碑身そのものが埋められ、土中から顔を出しているように見えるが、高さ数十センチほどの四角い立方体の台石（趺）の上に固定して建てられていたことが判った。また、周囲には雑木がまったく無い土手に、現在と同じ向きに建てられていたことも判った。

今日では「接種」というと予防接種のことが想起されるが、ここでいう接種は、品種（系統）を接続することの意味として用いている。つまり、桜の樹の同じ系統を植え継いだ記録の碑ということになる。

碑石全体を少し斜め横から眺めると、桜の花弁を連想させる二カ所先の尖った箇所がある趣のある碑形であり、地面からの高さが一番高いところが一一二センチ、二番目に高いところが九六センチであり、最大幅が一二八センチ、厚さが一五～二〇センチである。江戸期の碑石によく見られる神奈川県小田原市から産出する根府川石〔注1〕を用いている。

近隣にお住まいの年配の方によると、戦後まもなくの頃、進駐軍の車輛がこの石碑と接触してしまい、碑石が倒されてしまったことがあったとのことである。その時の傷跡かどうか不詳だが碑の裏面の記の刻面をよく見ると下から三分の一くらいのところに、横一直線に擦れた傷のようなものがわずかに見られる。台石部のセメント部分は、補修の跡と思われる。現在、台座部分は土中に埋まっているためほとんど見ることはできない。現在では桜や雑木の樹々が高く大きく茂った緑道となり、本章扉（二一九頁）の写真のように、碑はその木陰の下となってひっそりと立っている。しかし先の写真をよくみると、当時は玉川上水がまだ現役であった時代なので水道部によって土手がしっかりと手入れされていることが判り、桜樹のほかは背の低い草しか写っていない。陽当りがよく対岸の土手がしっかり見えるほど見晴らしのよい場所に一際目立つように立つこの碑の姿は、同じ場所とは到底思えないほどの風景の変容に驚かされた。

この碑は、刻文より幕末の嘉永四年（一八五一）三月に建碑されたことが判るが、この碑の傍らに立つ平成七年二月二十八日小金井市教育委員会設置の説明版には、次の記載がある。

> この碑は、嘉永四年三月、田無村の名主下田半兵衛が補植の経緯を後の世に伝えるとともに、桜樹が永久に植え継がれ、保護されることを願って建てたものです。石碑の表に「さくら折るべからず」槐字道人（下田半兵衛）、裏に無量老人（賀陽玄節）撰の「桜樹接種の記」が刻まれています。

調査でこの解説とは多少異なることがあることが判った。落款の署名は「槐字」（えんじゅじ）

ではなく草書体で「槐宇」（かいう）と記されている。「裏に無量老人（賀陽玄節）撰」の一節については、賀陽玄雪は、玄節とも記し名乗っていた田無村の医師であり、能書家でもあったので、これについてはどちらでも正しい。現存する墓標に刻された名が「玄雪」なのでここでは「玄雪」に統一して記すこととする。

碑の表面の題字は正しくは「さくら折（おる）べからず」と記されている。その「さ」の一字の大きさは、幅一一センチ、縦一八センチであり、「さくら」三字の上下の寸法は、五二センチである。また、玉川上水側に面した碑石の裏面には、細字で一文字が概ね縦横一・五センチ角ほどの大きさに漢字仮名交じりの書で書かれた「櫻樹接種記」が刻されている。これは無量老人によって小筆で揮毫されたものである。

説明版によると槐宇（正しくは槐宇）道人は、この碑の建碑者である田無村の名主・下田半兵衛富宅のこととしている。豪農であった半兵衛の家は、その才が認められ、名主となった以後も当主になると代々「半兵衛」を名乗り、名字（苗字）を許されて以後は「下田半兵衛」という名を受け継いだ。富永（とみなが）・富宅（とみいえ）・富潤（とみひろ）の三代当主が江戸時代末頃に田無村及びその周辺の村々のために活躍し、この地域の発展に尽力した功績は多大であった。富宅は、田無村の名主そして改革組合村田無宿組合の寄場惣代として活躍した。

「さくら折べからず」の文言は、この碑建立者の下田半兵衛富宅の考えたものつまり半兵衛の撰と考えてよいと思われる。しかし、この題字書の揮毫者については私が熟視して考察する限り、裏面の細字と同様に賀陽玄雪の書である可能性が高いのである。それは玄雪の書と字形が酷似しているだけではなく、玄雪独特の迷いのない格調高い力強い筆致だからである。

最初、玄雪の手本によって半兵衛が揮毫した可能性も探ってみた。しかし、半兵衛富宅の揮毫した他の肉筆類を拝見する機会を得て観察すると、整ってはいるがとても穏やかな筆致であり、このような強靭な力強さがないことが判ったことによる。よって落款を含め書は玄雪の書つまり代筆と考えたい。

これはあくまでも推測だが、最初、半兵衛富宅が揮毫する予定で学識のある玄雪に相談して、趣向を凝らした立派な雅号と雅印までも作った。ところが、揮毫してみた結果、やはり後世まで残すものとするためには、立派な書の方がいいと考え、玄雪に代筆を依頼したと考えられはしないだろうか。

江戸時代初期、水の乏しかった武蔵野台地にできた田無村の村人たちの水の苦労は、計り知れないものがあった。江戸時代の田無村の繁栄は、青梅街道の往来の他に玉川上水から分水された田無用水によってもたらされたといっても過言ではない。あらためて現在の地図上で田無用水の流れた場所を辿ってみると、玉川上水の取水口から田無の街中まで約六キロの長さの用水路を掘ったこととなる。これも大工事であったと思われるが、掘削後は、清らかな水を維持し

昔の田無用水（昭和 43 年撮影）芝久保町　西東京市中央図書館蔵

ていくために水路の整備が欠かせなかったことと思われる。具体的には岸辺に生えた雑木や葭（あし）・茅（かや）の刈り取りだが、この他にさらに田無村からかなり離れていたが、田無用水の水源である玉川上水そのものの堀に沿っておよそ二三〇〇間（約四キロ）の土手の整備をも受け持ちまかされていたのであった。現在なら地下に水道管等を埋設すれば、しばらくは大丈夫だが、この時代の用水路は、敷設後も随時その維持にかなりの労力が必要であったのである。

かつて玉川上水から取水し、田無まで水を引いて流れていた田無用水の用水路は、今では西東京市内のほとんどが暗渠化され、その上は歩道や散歩道等に生まれ変わっているため、流れを見ることができない。ここにかつて西東京（田無）市内を流れていた田無用水の貴重な写真を提供して頂いたのでご覧いただきたい。

地先でいうと小川新田から上保谷新田までの七カ村の間は、田無村の管轄下に置かれていた。「田無宿風土記」によると「御上水渕通り水行く差し障り相成らざるよう、雑木、葭、茅刈り

昔の田無用水（昭和35年撮影）田無本町付近
西東京市中央図書館蔵

〔A〕小平市に現存する田無用水（令和2年撮影）
鈴木中通りに架かる橋の東側

取」することなどが田無村に命ぜられていたという。これらのことは、明治以後になると東京市の水道部、その後都の水道局などに受け継がれ、水道水用としての上水の使命を終えるまで続けられたのである。

西東京市より上流にあたり隣接する小平市内には田無用水がまだ地図上に残り現存している

ことが判ったので実際に行ってみた。かつて田無の人々に大量の水を供給していた用水は、当初の役目を終えた現在では、浅い小川と化す。

雑草が生い茂ったところ〔A〕と、手入れが行き届いたところ〔B〕の差は大きい。その中を水がわずかに流れていた。

〔B〕小平市に現存する田無用水（令和2年撮影）鈴木中通りに架かる橋の西側

三、碑稿の存在

この石碑裏面に刻された「櫻樹接種記」の自筆草稿が、下田家に現存していることが判った。毛筆で記された「玉川上水堤桜樹接種記原本並下書」〔注1〕である。一つは、和紙を二つ折りにして一頁に七行ずつ、見開きで十四行ずつ本文を記し、二つの穴を開けて綴じられた冊子である。表紙に「櫻樹接種記」と行書で記し、本文の漢字の難しい読みの箇所にルビが付されているところが特色である。もう一方が、碑石に貼って刻せるようなスタイルで揮毫された草稿である。どちらも筆跡から明らかに無量老人賀陽玄雪の肉筆であることは間違いない。

「田無市史」には、原碑刻文ではなく、「下田富宅氏所蔵文書」として後者の草稿として記された同碑文全文が掲載されている。この草稿には、最終行の建碑年が「嘉永辛亥秋八月」と記されている。秋八月という表記については、八月は旧暦では秋であり問題はない。ここで問題にしたいのは、原碑には明らかに「嘉永四年辛亥春三月」と刻されているのに存在することが判った草稿には、なぜ「秋八月」と記されているのかという点である。草稿よりも五か月も早くこの碑刻が完成している点に注目したい。

碑陰・桜樹接種記（碑石）

四、刻文について

碑刻をもとに、変体仮名で刻されているものは、原字の漢字を記し、その右側にその読みを平仮名で記した（漢字に平仮名でルビを施したもの）。

また、現在の碑刻で、かなり磨滅している箇所は、〔　〕を記した。また、雅印の釈文については、【　】を付した。句読点は増補した。裏面刻文の本文第1行目と第5行目は文字数が少ないのに改行している。それは、それぞれの次の行頭に「大城」や「御駕」という語を意識的に配字したためである。中国では皇帝に関する語は敬意を示し常に行頭に位置するように配字して書くという慣習があった。中国の書式に則して日本の将軍に関する語を行頭に記したものと思われる。

■表面

さくら
折遍(へ)可(か)ら須(す)
槐宇道人　雅印【辟邪翁】【槐宇之印】

■裏面

《櫻樹接種記》

〔第1行目〕
承應のむ可(か)し、多磨郡尓(に)水路越(を)開支(き)、玉川越(を)引天(て)十里の鴻渠を那(な)し、江戸能(の)

〔第2行目〕
大城尓(に)入ら礼(れ)、且、本(ほ)とりの村々耳(に)分知(ち)賜里(り)、漑田、飲料の助とせらる。尤、莫大の仁澤な里(り)

〔第3行目〕

志可能三なら須、享保・元文乃比、櫻盤水毒を解須効ありとて、［兩］岸數里可間尓和州吉
野・
〔第4行目〕
常州さくら川の種を宇つし天植しめら類と那む。御代［長］久尓随ひ、櫻木繁茂し天
〔第5行目〕
爛漫の花の比盤、上水尓影を宇つし、芬香流天遠近〔にわ多〕流、一と勢申もお本介那き、
〔第6行目〕
御駕越さへ駐させ給ひしよ里、櫻花ま須〳〵か本者せ越增し、曾能名四方尓傳播し、都鄙
〔第7行目〕
の雅俗、花の毛登尓優遊し、日毛天夜尓繼支、昇平の化［を］謳歌せ里。然る尓この櫻木
百有
〔第8行目〕
餘年の悲さし起越經しか者、朽るもま多多かりし越、嘉永二年春の比、時の縣令大熊ぬし
〔第9行目〕
以多く本意那支こと尓お本して、御代長久と共尓花の［子孫］も長可礼と、田無村里正半
兵衛耳、

〔第10行目〕
邊り近き村々尓者可里、老多る尓ハ培ひ、朽多る尓ハ種〔繼なんこと〕、力を戮せ天よく物せよと命せら礼
〔第11行目〕
し尓、三那喜ひ天數百本の木越足し植ぬ、お毛ふ尓此ぬし盤、い尓しへの循吏尓も恥さる行ある尓よ里、
〔第12行目〕
常尓其澤尓なつ介る毛の可ら、忽にかくハ事なり多る那連、この後心あらん者、幾万々年も津起
〔第13行目〕
〳〵耳宇ゑつ喜天、このぬし乃いさ本（を）しのさくら木と共尓朽さらんこと越冀ふ尓那む。

嘉永四季辛亥春三月　□□〔半〕兵衛富宅　建石

無量老人　應囑書　雅印【海東艸豎】石工東雲彫

五、「□□□兵衛富宅　建石」の不明字について

次の写真のように、現在の碑刻をみると「□□□兵衛富宅　建石」というように一見すると、□□□の三字文が、自然の磨滅というより人為的な欠損のような痕跡がある。三字目の□は、明らかに「半」である。ここでこの上部の不明字二字分についてこれから考えを述べたい。

不明字の箇所（原刻）

痕跡からみると二文字のように見えることから、□□部分に、「下田」姓を当てたくなる。ところが、次頁に示した賀陽玄雪自筆のこの碑裏面の草稿が現存することが判り、こ

櫻樹接種記

武蔵のむさし多摩郡に水路をひらき玉川を引て十里の鴻渠をなし江戸の

大城に入らせ給ひ且條よりの村々にわかち錫里灌田飲料の助とせらるゝ莫大の仁澤なり李

志めることなり享保元文の比櫻を水毒を解に效ありとて西岸数里の間に和州吉野

常州櫻川の種をうつして植しめらるゝと聞ぬ　御代長久に随ひ櫻本繁茂

して爛熳の花盛りは　上下こぞりて芳香流るゝ遠近に隠れなくもおほえに

ぬれは　御鷹狩のをり轅させ給ひしより櫻花まんくわんをせかけ甚た四方に傳播

都鄙の雅俗花のさかりに優遊し日をくれ継ぐ昇平の化を謳歌せることの櫻木

百有余年の久しきを経しかは朽るもまゝ多かりしを嘉永二年七月の比時の縣令大熊ぬし

いたくなけかれおほしおかれて　御代長久と共に花の子孫もたえなで田無村里正半兵衛に

多くの近き村々には甘棠老たるに語て朽たるは種継なんと力を盡せてよく物せよと申し

命せられしかはこれ喜びて数百本の木を足し植ぬおほよそこのぬしいにしへの循吏なりし

酬に志行あるはよろ常に其澤になつくものからかちつるかならす事あるをまもとの後心

あらん者幾万の年ものちなかくになかつきてこのぬしのいさをしのさくら木と共に朽すならんとを

冀ふてなむ

嘉永辛亥秋八月

田無村　半兵衛　建石

無量老人名嶋書

石工東吉郎彫

玄雪自筆草稿〔注2〕

れにより「田無村」の三文字がここに刻されていた可能性が大きいことが判った。それは、半兵衛富宅に名字（苗字）使用が正式に許されたのが、嘉永六年以後だからである。当時、名字の使用は、武士の身分の特権であり、名主といえども、公的ではない場では通称として名字を用いたとしても、公式的な文書では名字を用いず「田無村　半兵衛」と記すのが鉄則であったからである。

現在、田無の総持寺の門の傍らに立つ嘉永五年秋建立の玄雪揮毫「大施餓鬼供養塔」碑の碑石下部に「発起・下田半兵衛」ほか世話人の氏名が多数刻されているのを見つけた。つまり公的ではない建碑では「下田」など名字を用いることが内々で許されていたらしいことが判る。しかし「櫻樹接種記碑」に関しては、一般的な石碑と異なり、花見時には貴賤を問わず多くの人々が目の当たりにする玉川上水の土手に建碑されたものである。おそらく管轄の代官所の許可を得る必要があったものと思われる。名主という立場としては当然、公的な書式（現存する玄雪書毛筆草稿の通り）で記したと見るのが妥当と考えられよう。

明治初年頃刊行と思われる色刷りの木版絵図に「武蔵野小金井桜順道絵図」があることが判った。小金井市文化財センターの多田哲氏によると、この絵地図は同センター蔵のもの以外に、明治維新後に旧幕関係の部分を削った国会図書館蔵のもの、田無神社宮司賀陽済が再版したもの、手描きで写して彩色した早稲田大学蔵のもの、その他、墨一色刷りのものがあるとのこと

木版絵図「武蔵野小金井桜順道絵図」部分　小金井市文化財センター提供

で、その一部の貴重な画像をみせていただけた。ここに掲載したのは小金井市文化財センター蔵の同図部分である。

明治初期に制作されたこの絵図は、小金井桜のある玉川上水付近を一枚の絵図で紹介したものだが、ここにはこの石碑の絵と同時に碑文全文が「関野新田地先碑文」として刻入され、この本文中に「下田半兵衛富宅建石」と記されている。この絵図を作る段階で、この作者は、①今問題にしている箇所の刻を実際に直接見た上で「下田」としたのか、②それともすでに欠損していたので、「下田」と想定して補ったものなのか。という新たな疑問が生じることとなった。

【推定1】もし①だとすれば、最初「田無村」と刻したが、名字使用を許された時点でその箇所を「下田」に改刻、その後、欠損という可能性。

【推定2】もし②だとすれば、削られたような箇所が今日みると二文字のように見えるが、建碑当時少々小振りに三字「田無村」と刻されていたところを、建碑からあまり時間を経ないある時、何某かが二文字に見えるように、故意に（いたずらなど）削ったまたは偶然の事故（車馬などが衝突）などで欠けてしまった。その痕跡を見ての想定という可能性。

などが、考えられようが謎が深まるばかりである。今後の研究にゆだねたい。

六、碑陽本文及び訳注

この碑の周囲は、昔の絵図や写真を見る限り、現在の風景と異なり、小金井桜の中に一つの目印としてよく見えるように建っていたようである。花見に訪れた見物人たちはこの碑文を眺めながら散策したものと思われる。まず、碑陽（表面）の本文について述べる。

■表面

さくら
折遍可ら須（へかす）
槐宇道人　雅印【辟邪翁】【槐宇之印】

「さくら折べからず」と読む。「折」は、一字で「おる」と読ませ、「ら」は平仮名にも「良（ら）」の変体仮名にも見える書きぶりである。「槐宇」の「宇」は、一見「宇」の行書に見えるが、「宇」の草書体で揮毫されている。雅印の篆書刻からも明らかである。その署名の傍らに二顆組の雅印が押印され、この印影も碑面に丁寧に刻されているが、上に押印された雅印は白文で「辟邪

碑陽（表面）に刻された雅印二顆の印影（拓本）

翁」と刻されている。「邪心を避ける（きらう）翁（老人）」の意からの命名と考えられる。下に押印されたものは、同じ印の中で右半分を朱文で、左半分を白文で刻した比較的珍しい朱文白文混合のシャレた雅印であり、細い線の朱文で「槐宇」、やや太めの線の白文で「之印」と小篆で刻されたものである。この印影を拝見するに、単に印章業を生業にするものに頼んだものではなく、当時の熟達した印章の彫士に依頼して刻していただいたものと推察できる。「辟邪翁」という語は、親孝行で仕事もできてとても気真面目であった半兵衛富宅の性格をよく表していると思われる。

「槐」は、「エンジュの木」のこと、「宇」は「大きい」とともに「家・のき・やね・そら」の意を表す漢字である。「エンジュ」を「延寿」にかけて、「寿命が長く大きい」つまり「永遠の寿」の意味をこの号に懸けたのではなかろうかと考える。

ところで、管見ではこの「槐宇道人」という号が他に使用された事例が今のところ見当たらない。二顆組の雅印を作る際、一般的には、そのうちの一方を本名で刻す場合が多いがここでは「富宅」ではなく「辟邪翁」「槐宇之印」としている点についても考察が必要と考える。裏面の記に本名がすでに二回も記されているので表側の面にさらに自分の本名が刻されるのを遠慮しての撰文ともみられる。

しかしこの落款印に刻された号は、下田半兵衛のものとして作られたと考えられるが、半兵衛のものというより、今回の石碑建立そして揮毫にあたり特に熟考し生み出された要素が強いものと考えられはしないだろうか。

「桜の枝を折らないように」と言う「槐宇道人」とは「寿命が長く大きい道人」つまり大きな桜自身を擬人化したものと思えてきた。こう考えると雅印に刻された「辟邪翁」は、「邪心をきらう翁」つまり「枝折りをきらう老桜」と考えられよう。「桜の木自身が、枝を折らないようにと言って訴えかけている」という叫び声をひそかに表現しているのではないかと思えてきた。

桜は、日照を好み、強剪定を嫌い、大気汚染に弱いという性質を持つ。江戸時代には、大気汚染という要素はまだ考えにくいが、美しいがために欲した心ならぬ枝折りは、多々あったことと考えられる。やっと再生した並木をいつまでも長持ちさせるためには、勝手な剪定ならぬ、むやみな枝折りは厳禁ということをはっきりと示したかったものと思われる。実際に揮毫したのは玄雪で、いわゆる代筆の書だが、立派な雅印まで作り桜の気持ちになって「槐宇道人」と号したのは、やはり慈愛の心に満ちた半兵衛富宅と考えるのが妥当であろう。

七、碑陰「接種記」本文及び訳注

次に裏面の「接種記」を訳注する。ここでは、変体仮名を平仮名に直し碑陰（裏面）に刻された本文（接種記）を訳すこととする。先に下田家文書の中に本石碑裏面の「櫻樹接種記」についてのルビ付きの草稿本（冊子本）一冊の存在が判ったことを記したが、本項本文の漢字に片仮名で振ったものが玄雪自身の振ったルビである。

■裏面

《櫻樹接種記》

〔1〕承應のむかし、多磨郡に水路を開き、玉川を引て十里の鴻渠（コウキョ）をなし、江戸の大城に入られ、且、ほとりの村々に分ち賜り、漑田（ガイデン）、飲料（インリヤウ）の助（タスケ）とせらる。

むかし承応[じょうおう]年間の頃、多摩郡に水路を開くために、多摩川から水を引いて十里（約40キロ）の溝渠（大きな掘割・用水路）を作り、江戸の大城（江戸城）まで入り、かつ、〔この水路沿いの〕近辺の村々へも水を分けてくださり、漑田（田に水を灌ぐこと）や飲料（飲み水）の助けとなった。

＊承応は、1652〜1655

承応二年（一六五三）に玉川上水を着工し翌年に開水した。

「多摩」を「多磨」とも表記した。玉川は「多摩川」のこと。

〔2〕尤[モットモ]**、莫大**[バクタイ]**の仁澤**[ジンタク]**なりしかのみならず、享保・元文の比、櫻は水毒を解**[ゲ]**す効**[カウ]**ありとて、兩岸數里が間に和州吉野・常州さくら川の種をうつして植しめらるとなむ。**

もっとも、とても大きな仁沢（恵み）であるばかりではなく、享保・元文年間の頃、桜は、水の毒を解毒する（水を浄化する）効果があるといわれ、この用水の両岸数里の間に大和国の吉野そして常陸国の桜川といった品種の桜を移植して植えさせたとされる。

＊小金井の玉川上水に桜が植えられたのは、将軍徳川吉宗の頃の元文二年（一七三七）幕府の

命により、川崎平右衛門が吉野や桜川からヤマザクラの苗をとりよせて植えたとされている。

＊「櫻は水毒を解す効あり」の出典は、大久保狭南（一七三五〜一八〇九）作「小金井桜樹碑」による。この碑は、狭南が亡くなった後の文化七年（一八一〇）に建てられた。「吾が東方の医家の一二の方函には桜の茹(きはだ)及び花の摠(しべ)は、解毒剤に用ちふれば即ち水毒もまた解く可し」からである。東方医学では、桜の花が解毒作用があるといわれていたようである。

＊「大和国の吉野」は、奈良県の吉野郡吉野町吉野山は、現在世界遺産に登録され、日本一の桜の名所といわれるが、千三百年前に修験道(しゅげんどう)の役小角(えんのおづぬ)（役行者(えんのぎょうじゃ)）が金峯山寺(きんぷせんじ)を開くとき、蔵王権現(ざおうごんげん)を山桜の木に刻した時からご神木として保護されたのを契機としている。

＊「常陸国の桜川」とは、現在名勝に指定され、かつ国の天然記念物に指定された「桜川のサクラ」（茨城県桜川市）のことである。「西の吉野と東の桜川」と称されたというが、のちに「小金井」といえば「櫻」の代名詞のように有名になった。

〔3〕御代長久に随ひ、櫻木(サクラギ)繁茂(ハンモ)して爛漫(ランマン)の花の比は、上水に影(カゲ)をうつし、芬香(フンカウ)流て遠近(エンキン)にわたる。

天子の代が長く久しく続くように桜の樹木が繁茂して花が咲き誇る頃は、玉川上水にその影を映し、芳しい香りが流れ、それは遠くにも近くにもあたり一面に漂う。

〔4〕**一とせ申もおほけなき御駕をさへ駐（トゞメ）させ給ひしより、櫻花ますますかほばせを増し、その名四方に傳播（デンハン）し、都鄙（トヒ）の雅俗（ガゾク）、花のもとに優遊（イウユウ）し、日もて夜に継（ツ）き、昇平（シヤウヘイ）の化を謳歌（オゝカ）せり。**

数年前とはいえ、恐れ多くも高貴なお方の車駕（乗り物）までもがお止まりになられるようになってから、桜の花は、ますます容貌を増して（美しくなり）、その名は四方にあまねく伝え広がり、都や田舎の、風雅な人や卑俗な人まで花の下でゆったりとくつろぎ、日中から夜に至るまで世が太平に変化したことを謳歌（声をそろえてほめ讃え）した。

＊駐の音は、「チュ」、「車が止まる」の意。

＊「かほばせ」の転が「かんばせ」であり、顔色、顔つき、容貌の意味である。

＊高貴なお方とは、この碑が建てられる六年前の天保十四年（一八四三）に老中・水野忠邦等一行が花見に訪れ、天保十五年（一八四四）旧暦二月二十五日（四月十二日）に後に第十三代将軍となった徳川家定（この時は世継ぎの身分であった）一行が花見に訪れたことを指すと

考える。将軍世子(せいし)の観桜をきっかけに幕府の命令によって大規模な補植が行われるようになった。

〔5〕然るにこの櫻木、百有餘年のひさしきを經(へ)しかは、朽(クツル)るもまた多かりしを、嘉永二年春の比、時の縣令(ケンレイ)大熊ぬしいたく本意(ホイ)なきことにおぼして、御代長久と共に花の子孫も長かれと、田無村里正半兵衛に、邊(ホト)り近き村々にはかり、老たるには培(ツチカ)ひ、朽(クチ)たるには種繼(タネツギ)なんこと、力を戮(アハセ)せてよく物せよと命ぜられしに、みな喜(ヨロコ)びて數百本の木を足し植(ウヱ)ぬ。

しかしながら、この桜の樹木も百有余年の長い年月を経て、朽ちるものも多くなったので、嘉永二年（一八四九）春の頃、時の代官大熊氏は、ひどく残念であると思し召しになり、天子のご治世が長く久しいように桜の子孫も長かれと、田無村の名主半兵衛に近辺の村々に諮(はか)り（相談し）、老木には根元に土をかけて育成し、朽ちた樹木には種（子孫・血筋）を継いでもらいたいということを、力を戮(あ)わせて（戮力(りくりょく)＝協力）成し遂げよと命令されたが、みんなは、（いやがるどころか）喜んで数百本の桜の苗木を足して植えた。

＊里正は、村の長のこと。ここでは名主。

＊「時の縣令大熊ぬし」ここを「代官」とせず、中国風の「県令」としたことがおもしろい。

当時の代官・大熊善太郎のことである。

＊「辺り近き」とは、田無村の近辺。境新田・梶野新田・下小金井新田・鈴木新田のこと。

〔6〕おもふに此ぬしは、いにしへの循吏（ジュンリ）にも恥（ハヂ）ざる行（オコナヒ）あるにより、常（ツネ）に其澤（タク）になつけるものから、忽（タチマチ）にかくは事なりたるなれ、この後（ノチ）、心あらん者、幾万々年もつぎつぎにうゑつぎて、このぬしのいさほ［を］しのさくら木と共に朽ざらんことを冀（コヒネガ）ふになむ。

おもうにこの大熊氏は、むかしの循吏（かたくなに法律にしたがって人民をおさめる役人）にも劣らぬ行いの〔人物で〕あったことによって、常に、その恩沢（恵み）になつき〔喜んで馳せ参じたため〕、すみやかにこのような事が成就したのであろう。この後、心があるものは、幾万々年も次々に植え継いで、この大熊氏の功績の桜の樹木とともに朽ちないことをこいねがいたい次第である。

＊原刻も肉筆の草稿もはっきりと「いさ本（ほ）し」と書いているが、「いさをし（功）」と記すのが正しい。「いさをしの桜」は、功績の桜と訳せるが、「いさほしの桜」では、意味がはっきりとしない。「本」を草書化した変体仮名「本（ほ）」は、「を」と字形が似ているばかりか、古語では同音になることがあるので、「ほ」を書いてしまったものと考える。

〔7〕嘉永四季辛亥春三月　（田無村）半兵衛富宅　建石

無量老人　應囑書　雅印【海東艸壂】

石工東雲彫

嘉永四年（一八五一）辛亥春三月、半兵衛富宅の建碑である。書は、無量老人（賀陽玄雪）が依嘱されて揮毫した。石工の東雲が彫ったと記されている。嘉永年間は、幕末にあたり、嘉永六年二月に小田原城大破の地震、六年六月に黒船に乗ってペリーが浦賀にやってきた年である。七年に日米和親条約締結となるが、京都では大火が起こり、さらに十一月に東海と南海で大地震に見舞われたため、安政に改元された。無量老人は、賀陽玄雪のことであり、應囑書とは、依頼に応じて揮毫したという意味である。石工の名を「東雪」と記すものもあるが、これは誤りで「東雲」が正しい。石工の東雲は、総持寺の「大施餓鬼供養塔」と同じ刻者である。同碑には「四谷・石工東雲」の署名がある。

八、碑陽〔表面〕の書について

碑陽（表面）の書は半兵衛富宅の書ではなく賀陽玄雪の書（代筆）であることは先に述べた。ここでは、その根拠とした「さくら」の文字について両者を比較し考証してみたい。

槐宇道人の書は大筆、玄雪の書は小筆で揮毫されているので太さについては、異なるのは当然だが、同寸にして比較してみると、両者の字形がとてもよく似ていることが判った。特に「く」の折れ曲がった箇所の内角の角度と、「ら」の字形は線の太細及び骨格がとてもよく似ていることによる。

半兵衛富宅が名主として出した書簡類は、数多く現存する。そこには、半兵衛と署名した後に上品な篆書で刻された「富宅」という丸い印が押印されているものが多い。代筆されたものもあるというが、名主という職務上、自身で書簡文を小筆で揮毫するということは書き慣れていたと考えられる。これらの書簡類は、当時一般に流行したいわゆるお家流の書風である。

ところが碑陽の大字は、お家流というより、筆力の強い唐様の堂々たる書である。「遍」の破筆や空間の広がり、「須」の右上へ運筆する呼吸の大きさ、その収筆から落款へ続くはねなど並々ならぬ腕前である。落款にお家流の書風の柔和さをわずかに残すが、実に品格が高く、か

槐宇道人として記された書

原刻

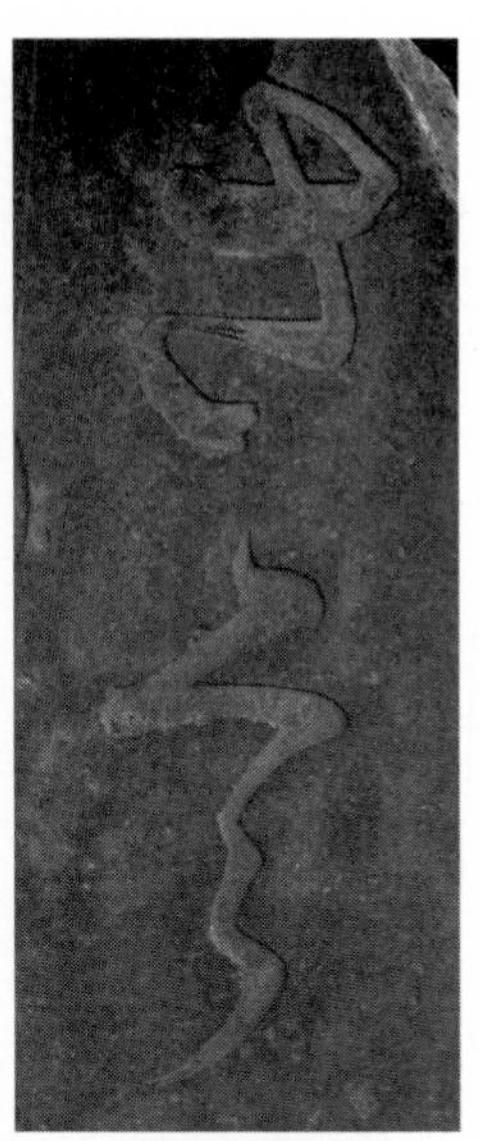

拓本

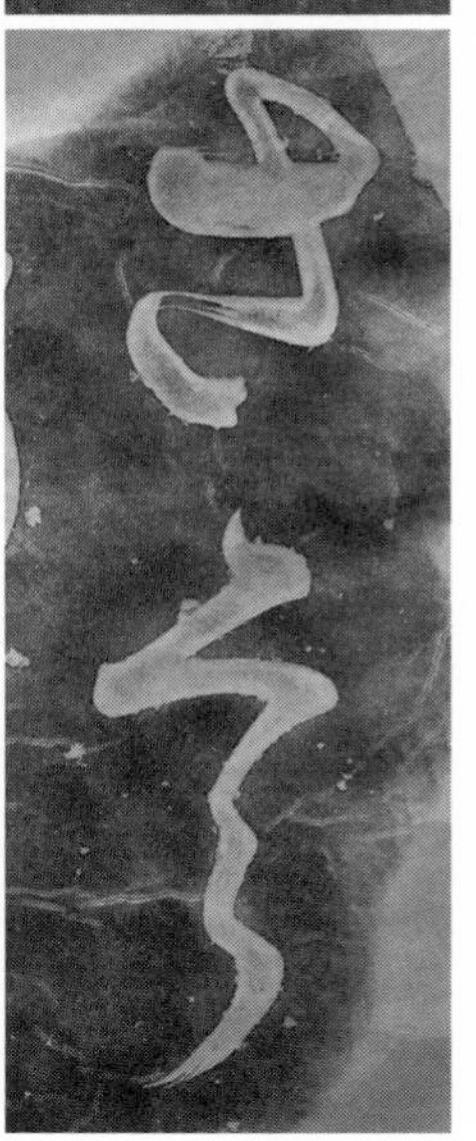

賀陽玄雪の書

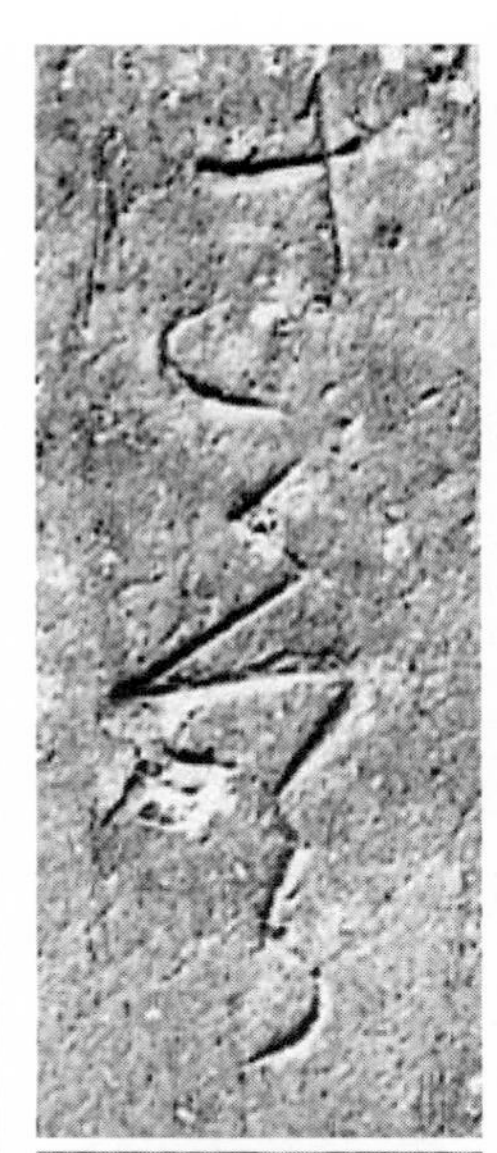

なりの意気込みが感じられる書となっている。ある程度大きな書は、各文字の字形に気を配りつつそれ以上に全体観のバランスをとることが重要である。石碑に刻すつまり半永久的に残りかつ多くの人が見る題字を揮毫するとなると細字とは異なるより高度な書法を習得する必要がある。そこで書の達人でもある玄雪を頼りに仰いだと考える所以である。

九、碑陰〔賀陽玄雪〕の書について

碑陰（裏面）に刻された「櫻樹接種記」は、賀陽玄雪の書であることは先に述べた。この細字による玄雪の書の特徴は、穂先のよく利いた小筆を実に巧みに用いた勁い筆致の漢字仮名交じりの書である。

まず「櫻花」・「櫻木」の二種を図版に示したが、当時、巷で流行していた御家流の書風ではなく、漢学者等がよく用いていた唐様の書風である。「櫻」の行書は、二つある貝のうち右側の

〔A〕

櫻花

櫻木　櫻木

貝の一画目（縦画）を省略した字形で当時の略字を知る上で興味深い。「櫻」の草書については、〔B〕は直線的に運筆し骨格をしっかりとさせ、〔C〕は曲線的にし、おおらかなゆとりを加味し構えを大きくしている。

碑陰の漢字の書では、次のように大きく分類できる。

〔分類Ｉ〕勁い線を引きながらも懐を広くしたゆとりのある文字

（さらに、Ａ王羲之系・Ｂ顔真卿系の二種に分類できる）

〔分類II〕逆に懐を狭くしつつも巧みに文字中の中心をずらしてバランスをとる手法

〔分類III〕褚遂良のような繊細な筆使い

〔分類Ｉ・Ａ〕水路

〔分類Ｉ・Ａ〕無・村

〔分類Ｉ・Ａ〕其・澤

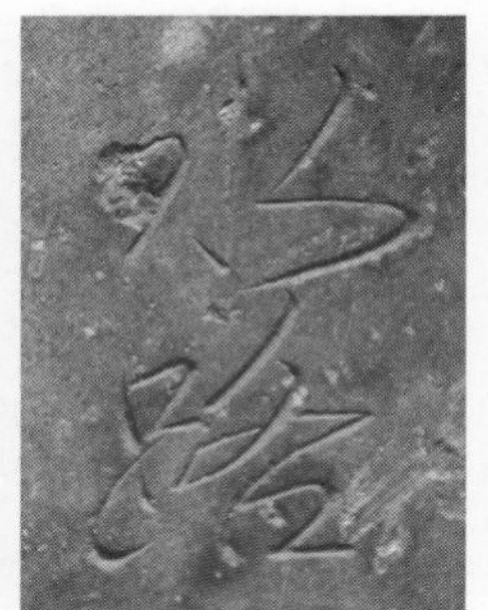

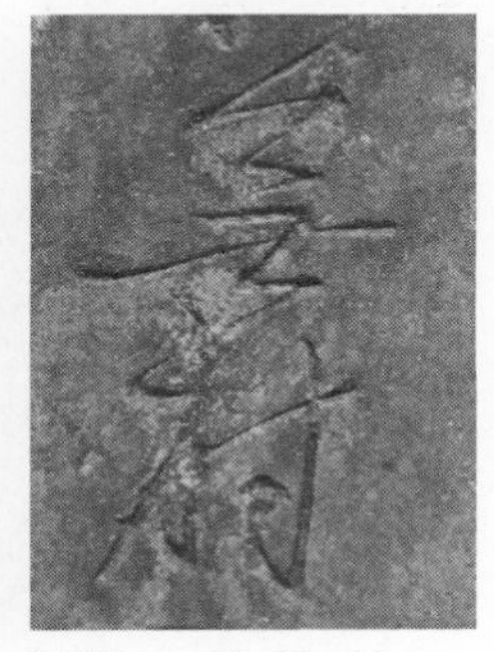

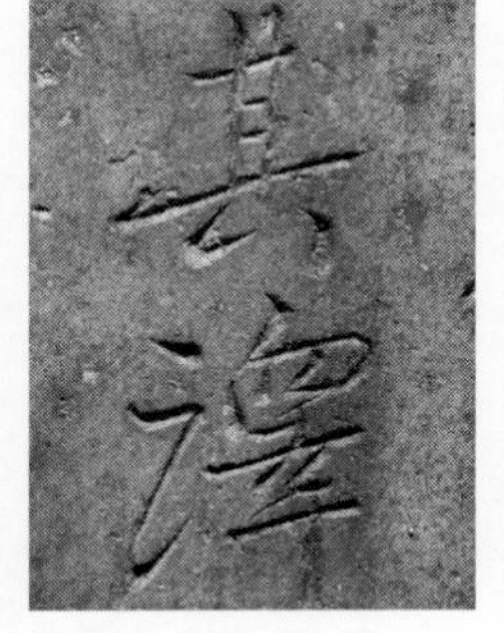

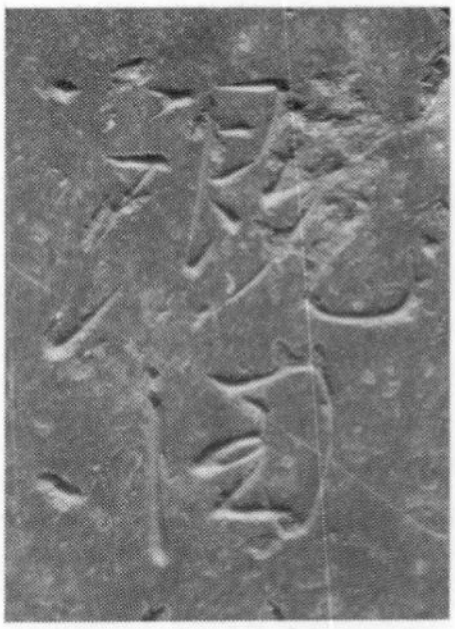

〔分類Ｉ・Ｂ〕澱田

〔分類Ｉ・Ｂ〕水毒

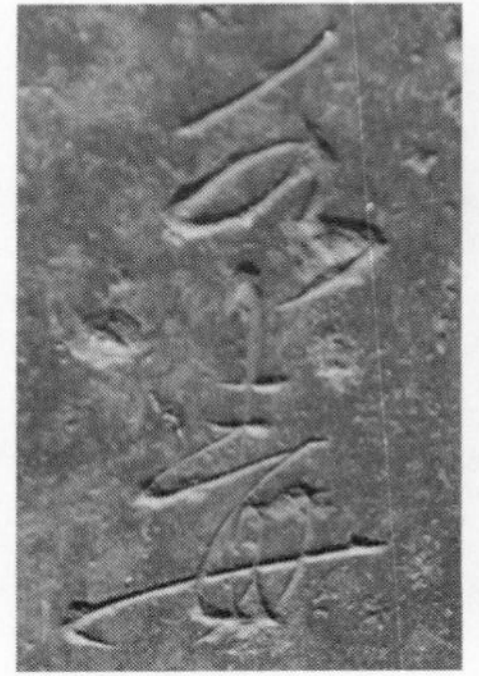

〔分類Ⅱ〕御代長久

〔分類Ⅲ〕都鄙

仮名の書では、極端に横広に扁平にした「の」が特徴的で、「さ」は二画目と三画目の接続に特徴があり「す」にも「支（き）」にも見える字形をしている。

まとめ

最後に、「嘉永四年辛亥春三月」と刻されているのに草稿にはなぜ「秋八月」と記され、草稿よりも五か月も早くこの碑刻が完成しているのかという点について考えたい。

〔1〕建碑の許可が早く出た。

〔2〕気に入った良い石材がみつかった。

〔3〕桜の開花時期に間に合わせた。

〔4〕前年の嘉永三年二月十五日に先代の半兵衛富永が亡くなっているので、一周忌を終えたすぐ次の月にした。

などが想定できる。

代官・大熊善太郎が桜の植え付けを上水縁の村々に対して命じた廻状が嘉永三年正月晦日に出ているのに対して、名主の半兵衛富宅がこれを受けて、さっそく行動し村々に働きかけ、翌月の二月二十日には、持ち場に桜の苗木一三一本を植え付けた際の手控えの「櫻苗植付手控帳」

を提出している。約一か月でこれほどの仕事を完了させるとは村々の人々からの信頼と仕事をこなす超人的な能力があった証しといえよう。

この時の事業を記念して一年後の春に代官大熊の見識をたたえて建てた石碑がこの碑である。ところが調べていくとこの事実の裏に桜を植樹した嘉永三年二月には、養父・半兵衛富永の逝去という悲しい出来事があった。名主としての仕事を立派に果たすも同時に老父に桜を見せたいという心が多少なりとも働いたのではないかとも考える。

養父半兵衛富永は蘇仙とも号し、名望家と慕われた人物であった。

「その身一代のうちに、村内で決して容易になくなることの無いような効果のある徳行をせよ。わたしはいつも村内に患いが無いことを祈ってきた。」といい、子孫のために七十一歳の時に書き残した家訓「碑陰教誨」を残している。

富宅はとても親孝行であったという記述（梅嶺大石潤「下田氏三世徳行記」）があることから建碑は、喪に服していた期間が明ける一年後を待ったものと考える。

安政二年に時の代官小林藤之助によって嘉永三年に植えた桜の若木と古木の数を調べるようにという命令が出された。上水南縁の桜については、新たに植える苗木三一一本分の代金と肥料代とが梶野新田他三か村には代官所から渡されているが、田無村の持ち場である上水北縁の分についてはこの代金をもらわなかったようで、下田半兵衛が負担した可能性が高いと『田無市史』第三巻（574）に記されている。

上水への桜の植樹およびこの建碑は、半兵衛富宅が、養父の子孫への訓戒を守り、忠実に徳行を実践した一つの証しでもあったといえよう。

本研究にあたり貴重な資料や拓本を見せていただいた小金井市文化財センター及び西東京市中央図書館に深く感謝申し上げます。

注

〔注1〕本書第三章第九節参照。

〔注2〕西東京市中央図書館蔵のマイクロフィルム複写資料「櫻樹接種記」（田無市史編さん委員会・1987年五月調査）による。この草稿と碑の原刻（実際に刻されたもの）とは同じ文章だが、漢字と仮名の表記に関しては、清書するごとに多少変えつつ最終原稿に至ったものと思われる。

おわりに

初版は平成二十一年度及び平成二十二年度の武蔵野市寄付講座において「武蔵野と書」という題で講義した内容及び平成二十二年度国内研究員としての調査において新たに判明したことを加え、論文としてまとめたものである。第一章は、「武蔵野文学館紀要」創刊号に掲載したものを増補した。第二章と第三章は、本書のために執筆したものである。

増補版に新たに加えた第四章は、「武蔵野大学教職研究センター紀要」第二号に掲載したものをその後の研究結果を交え、増補改訂したものである。

本研究にあたり、貴重な資料を閲覧させていただいた東京都江戸東京博物館、調布市武者小路実篤記念館、武蔵野市及び望月芳武氏、小金井市文化財センター、西東京市中央図書館、また第二章と第三章掲載の拓本を採拓してくださった金木和子先生に深く感謝申し上げます。

本書刊行にあたり、武蔵野大学出版会の斎藤晃さんにたいへんお世話になりました。ここに厚く御礼申し上げます。できる限り万全を尽くしましたが、至らぬ点もあろうかと存じます。どうかご教正いただきたく、よろしくお願い申し上げます。

参考文献

牛田守彦・高柳昌久『戦争の記憶を武蔵野にたずねて　武蔵野地域の戦跡遺跡ガイド』増補版　平成十八年（二〇〇六）ぶんしん出版

国木田独歩『国木田独歩全集』昭和三十九－四十一年（一九六四－一九六六）学習研究社

国木田独歩全集編纂委員会編『定本　国木田独歩全集』昭和五十三年（一九七八）学習研究社

国木田独歩・野田宇太郎『武蔵野市民版「武蔵野」』第二版　昭和五十七年（一九八二）一月　武蔵野市

小木太法『続続続・筆とエンピツ』平成十三年（二〇〇一）四月　飯島書店

近藤高史『明治書道史夜話』平成三年（一九九一）十月　芸術新聞社

修養団編輯部編『噫松本訓導』大正十年（一九二一）修養団本部

鈴木淑夫『石材の事典』平成二十一年（二〇〇九）四月　朝倉書店

『石材石工芸大事典』　昭和五十三年（一九七八）七月　鎌倉新書

大正ニュース事典編纂委員会『大正ニュース事典』第四巻　毎日コミュニケーションズ

太宰治『太宰治全集　4』平成十年（一九九八）七月　筑摩書房

『日本劇映画総目録』明治32年から昭和20年まで　平成二十年（二〇〇八）七月　日外アソシエーツ

野田宇太郎『文学散歩・別巻1「新東京文学散歩」』昭和五十四年（一九七九）文一総合出版

「文京ふるさと歴史館だより」第14号　平成十九年（二〇〇七）五月

前島康彦『井の頭公園』東京都公園協会監修・東京公園文庫2　昭和五十五年（一九八〇）郷学舎

蓑田　倜（たかし）『玉川上水　橋と碑と』平成五年（一九九三）十一月　クオリ

『武蔵野』「近代文学と武蔵野」二三三号　昭和三十三年（一九五八）二月　武蔵野文化協会
「武蔵野新聞」第一九一号　昭和三十二年（一九五八）十月二十日
武者小路實篤『武者小路実篤全集』全一八巻　昭和六十二－平成三年（一九八七－一九九一）小学館
森　章二『碑刻　明治・大正・昭和の記念碑』平成十五年（二〇〇三）木耳社
芳澤鶴彦『武蔵野の独歩』「多摩豆本第十一冊」昭和五十六年（一九八一）未来工房
早稲田大学文学碑と拓本の会編『国木田独歩の文学碑』昭和五十六年（一九八一）瑠璃書房

〔第四章〕

田無市史編さん委員会「田無市史」第一巻　一九九一年　田無市
田無市史編さん委員会「田無市史」第三巻　田無市
小金井史編さん委員会「小金井市史」資料編小金井桜　二〇〇九年　小金井市
下田富宅「田無宿風土記（3）」一九八二年　下田富宅
今浜通隆「佐藤一斎作『小金井橋観桜記』について（上）二〇一〇年「武蔵野日本文学」第十九号所収
廣瀬裕之「武蔵野の碑と書・西東京市田無――養老畑碑・養老田碑考」・土屋忍編『武蔵野文化を学ぶ人のために』二〇一四年　世界思想社・（124～153頁）所収
小金井市教育委員会生涯学習課「名勝小金井（サクラ）の歴史」（パンフレット）二〇一八年
多田哲編集「地図と写真で読み解く・昭和の小金井」二〇一八年　小金井市観光まちおこし協会　ぶんしん出版
東京市公園課編『小金井の櫻』大正十五年四月　東京市役所

廣瀬裕之（舟雲）

一九五九年生。東京学芸大学教育学部書道科卒業。同専攻科修了

専門は、書写書道教育、書道、書道史の研究

＊現在

武蔵野大学教授

全国大学書写書道教育学会副理事長

全日本書写書道教育研究会副理事長

西東京市文化財保護審議会委員

毎日書道展審査会員、書道芸術院展常任総務

＊個展（書道）

フランス・パリ、東京・新宿

＊著書

『広瀬舟雲の書・パリ紀行』ほか

＊論文

「鄭道昭摩崖考Ｉ」「華族子女における習字教育」「福沢諭吉と習字教科書」

「武蔵野の碑と書・西東京市田無―養老畑碑・養老田碑考」

「漢字仮名交じりの書における〈くりかえし符号（おどり字）〉の使用法の研究」ほか

〈増補版〉刻された書と石の記憶

発行日 二〇二〇年十二月四日 初版第一刷

著者 廣瀬 裕之

発行 武蔵野大学出版会
〒二〇二-八五八五 東京都西東京市新町一-一-二〇 武蔵野大学構内
電話〇四二-四六八-三〇〇三 ファクス〇四二-四六八-三〇〇四

装丁・本文デザイン 田中眞一

印刷 モリモト印刷株式会社

ISBN 978-4-903281-49-0

武蔵野大学出版会ホームページ
http://mubs.jp/syuppan/